An Aghaidh na Sìorraidheachd
In the Face of Eternity

An Aghaidh na Sìorraidheachd
In the Face of Eternity

OCHDNAR BHARD GAIDHLIG
EIGHT GAELIC POETS

duanaire dà-chànanach deasaichte le
a bilingual anthology edited by

CHRISTOPHER WHYTE

Polygon, Edinburgh

© Introduction Christopher Whyte 1991
Individual Poets 1991

Polygon, 22 George Square, Edinburgh

Typeset in Sabon
and printed and bound in
Great Britain by Redwood Press Limited,
Melksham, Wiltshire

British Library Cataloguing in Publication Data

An aghaidh na sìorraidheachd = in the face of eternity :
eight Gaelic poets.
1. Poetry in Scottish Gaelic – Anthologies
I. Whyte, Christopher
891.631008

ISBN 0 7486 6091 7

The Publisher acknowledges subsidy
from the Scottish Arts Council
towards the publication of this volume.

Foreword

With the youngest of the poets in *Nua-Bhàrdachd Ghàidh-hlig / Modern Scottish Gaelic Poems* (Southside 1976, now published by Canongate) celebrating his sixtieth birthday this year, the time seemed ripe for a new anthology which would bring together the work of the two generations following them. The last two decades have been an exciting time for Gaelic poetry, and the newcomers have not been afraid to push the innovations of Sorley Maclean and Derick Thomson further, while remaining faithful to the store of images and the particular intonation which so strongly characterise the Gaelic tradition. Each poet has supplied a brief essay to preface the selection, as well as providing English versions of the poems, many of them prepared specially for this volume.

My thanks go to the editors of the magazines where many of these poems first appeared, and in particular to *Gairm, Chapman, Lines Review* and *Cencrastus*, as well as to the publishers of the books where poems have been collected: *Eileanan* and *Bailtean* by Maoilios Caimbeul, and *A' Mheanbhchuileag* by Fearghas MacFhionnlaigh (Gairm Publications), *An Seachnadh* by Aonghas MacNeacail (Lines Review Editions), *Eadar Mi 's a' Bhreug* by Màiri NicGumaraid, *A' Càradh an Rathaid* by Maoilios Caimbeul and *Orain Ghaoil* by Meg Bateman (Coiscéim). Poems by Catriona Montgomery appeared in *A' Choille Chiar* (Clò Beag), and by Meg Bateman in *Other Tongues* (Verse).

I am very grateful to Iain MacDhòmhnaill for his unstinting and meticulous assistance, to Michel Byrne, and to Meg Bateman, whose idea it all was, and who allowed the title to be taken from one of her poems.

Edinburgh, June 1990

Introduction

Languages are like people. They have their past, and their hopes for the future, written in their faces. Gaelic is no exception to the rule but, given the special nature of its history over the past four centuries, the expression on its face is rather different from that of most western European languages. The industrial revolution has stayed on the margins of this language, never truly integrated into it, and it has never been adopted by a bourgeoisie, so that the peculiarly bourgeois vice of indicating by not naming is unknown to it. It is rich in words for the landscape, for natural phenomena, and for differing degrees of love and attachment. The sundering of poetry from song, in this language, dates back less than a century. Only recently has it returned to the schoolroom, after a period in which its archives, more than libraries, were living human beings, and the written form remains self-conscious, as if it looked on itself as a violation of words whose true location is in the body.

To a greater degree than any previous generation, the poets in this book exist in a bilingual world. Rather than digging back to their roots, they are constantly testing and expanding Gaelic, stretching its fabric out across a world of objects which are new to it, and across an alien linguistic world. They experiment with semantics, setting old words in new contexts, injecting further meaning into them or, with Fearghas MacFhionnlaigh, planting a bomb in the Gaelic dictionary and constructing a new idiom from the shards and fragments that are left.

If their use of Gaelic gives them access to what seems a past, but is merely a different present, it also offers a taste of the future. A tradition where industrialisation is alien has no place for the romantic sentimentalisation of landscape which, paradoxically, made its destruction possible. Where the natural mode for praising a man is to speak of him as a tree, the scission of what is human from what is not, endemic to so many western cultures, has never come about. Rather than standing out against a natural background, the human is part of a continuum, and blends imperceptibly with birds, plants and stones.

These poets are used to seeing their work appear with a facing English text. They are confronted by another language and culture, often by more than one. Here, too, they are telling us about the future. Monolingualism, in Europe as a whole, has always been anomalous. Even in western Europe it now seems set to become a thing of the past.

The work of Sorley Maclean brought modernism and the matter of Europe into Gaelic poetry with a suddenness and violence only matched by his mastery. George Campbell Hay and Derick Thomson consolidated this advance in a less sensational manner, expanding what was often traditional imagery in symbolic and allegorical contexts, so that it resonated endlessly in the reader's mind. Donald MacAulay and Iain Crichton Smith are more intellectual poets, worrying at the interface between language and thought, the former material and, at least in the poem, stabilised, the latter shifting and relentless, never conceding itself wholly to the word.

The brilliance of that generation, and the watershed it marked in Gaelic poetry, might lead one to think that those coming after must be mere epigones, the tradition having exhausted itself for a while and needing to mark time, to repeat the new patterns until they were drained of value. The eight poets in this book show that something very different has happened, and that the tradition has in no way exhausted its capacity for transformation.

Aonghas MacNeacail is the oldest of the poets here. His verse in English, dating from the beginning of his career, has recently been collected in *Rock and Water* (Polygon, 1990), and its dedication to Philip Hobsbaum and Anne Stevenson shows the importance to him of the circle which met around them in Glasgow in the 1960s and which included Liz Lochhead and Tom Leonard. His appearance still has something of the air of a beatnik. Glasgow is Scotland's window on America, and MacNeacail has a powerful affinity with the beat poets, the generation of Ginsberg and Creeley. He rediscovers their qualities within the Gaelic tradition. 'òran luaidh / love song / waulking song' uses breath units and strong rhythmic deformation; the beat of the refrain, like the relentless chipping of a chisel on crude stone, is the rhythm of the women pounding the cloth on the board, while the lines that change, splinters each blow sends flying into the air, are also the rushed couplet of the solo singer, squeezed in before the monotonous energy of the chorus once more drowns her voice.

As with the Americans, his poetic ego is romantically inflated, and he proudly claims, in 'bratach / banner', the status of both bard and saint. This figure is set in a heroic epos, pre-empting our affection and sympathy with his charismatic warmth and courage. In the second extract from 'an cathadh mòr / the great snow-battle' given here, he unmasks the triple goddess (of love? of illusion?), while in 'chum mi seachad / i kept on past' he evades the trammels of death in order to join, at the close, the rebellion against death's rule. Tenderness and wounded anger are characteristic notes in MacNeacail's love poetry, which has a splendid magnanimity, even if its scenarios are often traditional – the unspoken jealousy of the woman left at home in 'duanag an aghaidh eudaich / little song against jealousy', anger at a woman for whom one man is not enough in 'dàn / poem / fate'. A similar tenderness, an urgency to woo and to defend can be felt in the poems to his first and chosen language, 'fòrladh dha-chaigh / home vacation' and 'thug thu dhomh samhradh / you gave me summer'.

When not city bred, English Romantic poets tended to have a city audience. They preferred to ignore the more savage aspects of nature, subsequently reasserted by Darwinism. These inhuman, or all too human qualities, are absorbed without effort into the ego of MacNeacail's poems, becoming positives rather than negatives. 'bha 'n oidhch' ud / there was that night' shows his instinctive sympthy with that least submissive of all farm animals, the cat, and in 'samhla / appearance' a voice issues from the world of creatures and plants which is alien to us, yet at the same time terribly like our own. 'bial beag / little mouth' isn't just a celebration of paternal tenderness – the baby's mouth is anarchic, protean, untamed, constantly shifting its meanings and its demands. 'oideachadh ceart / a proper schooling', while incidentally offering a rich evocation of local lore from the Uig area in Skye, asserts the values of an oral culture as against one where written records are the sole proof of civilisation. Tradition has been regarded as historically suspect. The poem's close insists that history must be redefined to accommodate tradition.

MacNeacail has a deeply felt debt to Sorley Maclean (the third dedicatee of his English poems). The influence is so thoroughly absorbed that direct echoes occur only rarely in his work. Unfortunately, only a sample of the very interesting work he has done since *An Seachnadh / The Avoiding* (1986) could be included here.

Images of the female body permeate the work of Myles Campbell (Maoilios Caimbeul). 'Cogadh an Dà Chànain / The War of the Two Languages' contrasts English and Gaelic as breasts giving suck, in terms of the quality of the milk they offer. The superficial harmony and even blandness of Campbell's verse is deceptive, for its eroticism often has a voyeuristic quality, permeated with unease and a threat of violence. In 'Epigream / Epigram' breasts turn to 'dà shùil mhì-rianail / irrational eyes', and the body 'sìnte gun stiallaig air uachdar / lying without a stitch on it' in 'Gràdh is Tuaileas / Love and Slander' is seen against a background of muttering, frustrated old women. This, like 'a-nochd / tonight' is one of the fine poems Campbell has drawn from the Old Irish Deirdre saga. Both are addressed to the heroine by her lover Naoise. The violence of their end hangs over the idyll, and is palpable in the monologues given to Conchobhar the king, Deirdre's older, unwanted husband, in *A' Càradh an Rathaid* (1988). The undisguised obsessiveness of 'Caochladh / Change' (but the word also means 'death') offers absorbing insight into the deranged mind of a widow whose paranoia has broken all bounds. There is a *frisson* of lasciviousness in her nightmare: 'tha mi gam faicinn tron uinneig / a' faireachdainn nam bodhaigean òga / I see them through the window / feeling the young bodies'.

Campbell's poetic persona is disarmingly malleable. If 'Cogadh an Dà Chànain' is a Thomsonian poem, 'Dè 'm feum urram àrd? / What profit . . .' is the most Sorleyesque piece in this book. It deliberately echoes the 'Dàin do Eimhir' in its preoccupation with love and time, its ambition and its mildly hectoring tone, even to the crucial colour adjective 'àrbhuidh'. The two poets share a Yeatsian vehemence, a compound of desire, violence and frustration.

Perhaps Campbell reveals more of himself in his poems about

Mull. Some forty years earlier, Maclean had found the place unbearable because it spoke to him so eloquently of the Clearances, and since then the intensity of English settlement has only made the situation bleaker. Campbell responds with a rugged, smouldering pessimism in 'An Clamhan / The Buzzard' and 'An t-Eilean na Bhaile / The Island a Town', whose close echoes Mairearad Nighean Lachlainn's famous lament 'Gaoir nam ban Muileach' (the 'howling of the Mull women'). 'Bogsa nan Litrichean / The Letterbox' states plainly that illusions are preferable to grim reality, and 'Dhà Leòdhasach sam Bith / To any Lewisman' is even more disturbing in its suggestion that the only response to the violence of nuclear warfare is the systematic destruction of one's loved ones. The Lewisman does not ask his wife if she wishes to die. What makes the poem so chilling is its methodical tone, as if any rational canons of behaviour could be found for a situation of this kind.

'Duilleagan / Leaves' plays on the ambivalence of the Gaelic word (both 'leaves' and 'pages'), while 'Ceòl / Music', although its imagery is traditional, could serve as a motto poem for the younger poets. 'Bhuainn agus Dhuinn / From us and for us' is rich in the uncomfortable contradictions of Campbell's experience, and that of many Gaels. It speaks with a voice that is humane and commands respect while seeming to locate itself irrevocably in the past, and its noble sarcasm is veined with impotence.

Fearghas MacFhionnlaigh is, for me, the most original poet in this book and, in his experimentation with language, the most exciting. 'Airson Màiri / For Mary' is a cautious beginning. 'Eun Neònach / Strange Bird' already finds him trying out a subject matter on the boundary between poetry and science, the moment when a jet plane impinges on the consciousness of a bird. He has clearly taken the lessons of MacDiarmid, the later MacDiarmid, to heart.

If science has made possible the manipulation and depredation of the natural world, it has done so by artificially situating itself beyond and above nature, in such a way as to intervene on it from outside. MacFhionnlaigh denies the opposition between the scientific and the natural by insistently combining technology and ecology, describing an injured seagull as a warplane with military insignia, its beak a propeller, chick-weed entangling it like barbed wire before an injection puts it to sleep ('An Fhaoileag / The

Seagull'). An approach of this kind is diametrically opposed to
what one might call the standard mediocre Gaelic lyric,
something most poets are capable of producing in moments of
unwariness or disattention, a hackneyed and unadventurous
mixture of birds and trees and imprecise mumblings about love.

'Laoidh Nach Eil do Lenin / A Hymn Which is Not to Lenin'
(with a sideways swipe at MacDiarmid) uses the new vocabulary
to praise God as 'sìorraidheachd shruthshoillseach / fluorescent
infinitude' and 'Niagara ... is tuil-sholasan oirre / floodlit Niag-
ara'. MacFhionnlaigh's blending of the natural and the technical
plays at one and the same time on the strengths and a notorious
weakness of Gaelic diction. He ransacks traditional vocabulary
for 'constellations' ('grigleachan') or 'phosphorescent' ('drìl-
seach') – with an effect quite different from the English, where
these words belong to a shared, international and rather neutral
vocabulary, derived from Latin and Greek – coins new terms for
'astronaut' ('speursheòladair') and 'glacier' ('èighshruth') and
nonchalantly peppers the body of his verse with borrowings like
'iunaibhears', 'sgitsifrìneach' or 'speictream'. The range of Gaelic
is suddenly, dizzyingly expanded, with a glittering effect like one
of those multi-faceted, rotating balls which refract disco lighting
– only here one is neither indoors nor outdoors, in artificial light
or in daylight, but exposed to both at once.

'Flùrannan / Flowers' speaks of these through synaesthesia as
'ciùineachagan radharcach / visual tranquillizers' and 'port-à-
beul bith-cheimiceach / biochemical mouth-music', while in 'An
t-Eun agus Eirigh na Grèine / The Bird and the Sunrise' the bird's
branch is a tracking arm, its beak a stylus and the earth the
revolving disc whose grooves it reads. We look on the technologi-
cal as devoid of emotional resonances. By integrating it into our
perception of the world, MacFhionnlaigh is essentially true to the
Gaelic tradition, for such an approach effectively excludes any
sentimentalisation of the 'natural'.

The seagull foreshadows MacFhionnlaigh's chosen heroic
persona, the falling Icarus, megalomaniac, doomed and terrified,
a choice his avowed allegiance to Calvinism may have con-
ditioned. He does not shirk the great themes, as in the 'Marbh-
rann / Epitaph', a diatribe against Lenin and the infamous
Georgian dictator, a mammoth trapped in his mentor's glacier.
There is a passionate espousal of the pain of the suffocated

nations here, and *A' Mheanbhchuileag* interestingly tackles Scotland's ambivalent role in the British imperial enterprise, something between an exhibit in the menagerie and a faithful guard dog. Only snippets of the poem can be given in our selection. In terms of poetic texture, it is discursive and less engaging than the poems which come immediately before.

'Dàn do Chiaran / Poem to Ciaran' returns to more conventional forms, its stanzas constructed in an exquisite parallelism which never slackens into mere repetitiveness. In 'Là Banachadh na Triuthaiche / Day of the Whooping Cough Vaccine' the forgotten sea beneath the dryness of dismayed concern is, one suspects, a sea of tears, threatening to overwhelm a decorous and very masculine self-control.

Along with her sister Morag, Catriona Montgomery (Catrìona NicGumaraid) published in 1974 a book of lyrics entitled *A' Choille Chiar* ('the grey/dun/dusky wood'). The pieces she contributed are mainly love lyrics which inhabit a mistily adolescent world. Their imagery is unoriginal. What is new is its being pressed into the service of a wayward subjectivity. '"Bhàsaichinn" / "I would die"' is poised on the verge of adulthood, at the moment of realisation that love pains, however unbearable they seem, do not justify such a sacrifice. 'A' Chraobh / The Tree' uses the simplest of structures, an analogy with the seasons, to describe the course of a love affair.

A considerable gap separates this earlier work from the poems of Montgomery's maturity, where love takes a back seat, coming to the fore only in 'Oran Gaoil / Love Song', a delicate tribute to the poet's husband and to love's capacity to survive the supreme test of habit, of the unremarkable, relentless normality of married life.

The inner turbulence that had surfaced in several of the *A' Choille Chiar* poems is transmuted to something graver and more endemic, a suffering that is the location of Montgomery's religious conviction. (Brought up in the Free Church, she is now an Episcopalian.) 'Gun Stiùir / Rudderless' finds her struggling with her 'uilebheistean / demons' and failing to subdue them. Her commitment to Christianity has no smugness, no sense of triumph or superiority. She identifies, not with the risen Christ, but with the Christ of the agony in the garden ('An Carghas Seo / This Lent'), a Christ who can be expected to understand the suffering of the Tigrean woman in a land struck by famine ('Urnaigh na Ban-Tigrich / The Prayer of the Tigrean Woman'). There is a precedent for writing in Gaelic about the oppression of African people in the work of Duncan Livingston, a mason from Mull who settled in South Africa around 1903 and wrote 'Bean dubh a' caoidh a fir a chaidh a mharbhadh leis a' phoileas' ('A black woman mourning her husband killed by the police'). To use the language of Empire in such a context is problematic, while Gaelic has a special appropriateness. Both Gaels and Africans are indigenous peoples, in that their identity is strongly defined by their ancestral territory, at the opposite pole from that of the frontiersman or coloniser, who thinks of the land he seizes, and of which he is profoundly ignorant, as virgin, new, intact.

The other crucial development in Montgomery's verse is the emergence of a talent for satire. 'Obair-ghrèis / Embroidery' is an enjoyably straightforward attack on small-mindedness among Montgomery's own people, with Janet as the new Moses for whom ten commandments just aren't enough. The other satires could be called post-Clearances poems, or poems of the new Clearances. The topic has so dominated Gaelic verse that it is difficult for younger poets to find a fresh approach. It is an indication of Montgomery's intelligence and sharpness that she offers a new perspective, giving vent to a hostility which in ordinary social interchange all too often fails to surface. Changing economic circumstances today bring the descendants of those who perpetrated the evictions into awkward intimacy with the descendants of their victims. 'Aoir / Satire' shows the gulf that separates them, and how fresh the wounds still are. 'Gu Dòmhnallaich Aimeireagaidh / To the American Macdonalds' adopts the classic technique of letting the satirised speak for himself. A chief who dictated the fate of thousands is reduced, in the person of his descendant, to genteel begging. The poem resonates with a tradition in which the poet was the chief's privileged interlocutor, and in which an ugly, ill-coordinated body was the unfailing indicator of a mean spirit. Though it is addressed to a perhaps gullible audience of Americans, it gets rich humour from the implied, unspoken commentary of the Gaels of today, which the reader has little trouble in supplying.

'Ròdhag, 2000 A.D.' speaks of the new Clearances, the arrival of today's frontierspeople, the English settlers with their Beaujolais and pottery. It is a haunting piece where the poet is projected into the future as a kind of baleful, ironic ghost. Will the new proprietors catch a glimpse of her? Will her presence be powerful enough to fill them with unease?

Chronologically, my work comes next, and I will avoid the affectation of either passing it over in silence or speaking about it in the third person. My relation to Catholicism is that of someone trapped in a net, who becomes more entangled the harder he struggles to break free. Looked at more positively, the way out of destructive religion lies, not through humanism or atheism, but in the construction of a new religion not intrinsically hostile to life. This is the background to the attempt to reassess the diabolical in 'Rex Tenebrarum', which is also a plea for the importance of the Jungian shadow in each individual personality. 'Crann-ceusaidh fo Bhlàth / Crucifix in Flower' sees forgiveness as the moment when people agree to abandon the old and hurtful games. The crucified is only too happy to grab the opportunity to get out of his role and become an ordinary person again.

Given the philistinism all too often characteristic of Scottish Catholicism today, it is clear that the place of art in the new belief system will be crucial. 'Annunciazione con Sant' Emidio' evokes an annunciation which is also the implanting of a word that will bear fruit as poetry. The sequence which it opens, 'Uirsgeul / Myth', combines religious and mythical elements with episodes from a gay love affair, and reaches its highpoint in 'Beul an Latha / Dawn', with its attic window vision of Kelvingrove in the early hours of a brilliant June day. It aims to be sensuous and gentle at the same time, and 'Mar a Thubhairt a' Chrè ris a' Chrèadhadair / What the Clay Said to the Potter' has similar ambitions.

'Balbh / Dumb' is about self-suppression, the nadir to 'Beul an Latha''s hoped-for zenith. The passage from the gnostic gospels affirming that those who withhold what they have inside them will be destroyed by it, while those who bring it forth will be saved by it, could stand as an epigraph. Painting and Italy are constant references in what I write. 'Miann / Wish' is a kind of playful *divertissement*, wondering how the different ways art will be enjoyed affect its making. 'Envoi' could be subtitled 'the life-story of a barrel', and suggests that creating can at times be a delicious passivity, rather like allowing wine to be made inside one.

Mary Montgomery (Màiri NicGumaraid)'s poetry is wilfully, almost tantalisingly allusive. She has an extremely musical ear and a delicate sense of rhythm, finding a phrase that pleases her and ringing changes on it in a quiet murmuring directed in the first place at herself. Reading her poems feels at times like eavesdropping. In 'Na dàin a ghabh sinn còmhla / The songs we sang together' it's as if the fragment of a tune was repeated over and over under the breath. The half-statements in this poem, and the utter unpossessiveness and willingness to let go they express, are intriguing.

Shy people may speak quietly, but they often have very strong convictions. It should not surprise us that Montgomery's poetry has a core of toughness. A piece on tramps ('Gun Chuireadh / Uninvited') hints at her unromantic approach to life, and 'O Uinneag Chòir / Oh kind window' shows a tenderness for illusions which is possible because the poet knows she cannot sustain them. She refuses to pose as the conventional Gael, privileged because in touch with a tradition denied to others. 'An Taigh-tasgaidh 's an Leabhar / The Museum and the Book' insists that she, too, must go to these to learn about her past, for the oral chain is broken, and all that is left her is 'leth-shealladh / den leth-sgeul / the half-sight / of the half-story'. Government subsidies fill her with preoccupation, for she feels the Lowlander as strong within her as the Gael ('An t-ordugh a-mach / The order is out'). Culture is not just a matter of blood, and those who portray the Gael as strong and loyal are 'peppering lies with truth' (speaking 'le smal fìrinn na brèig'). It's a paradoxical phrase, and Montgomery's unwillingness to come down firmly on either side of the question is characteristic. It is as if she constantly said 'Yes, but . . .', and the poem about the native speaker's attitude to those who have adopted the language has an honest ambivalence that commands respect ('Na Gàidheil Ura – Eile / The – other – new Gaels').

She enjoys using a child's voice because it moves on a single frequency and says precisely what it thinks, so that she can get behind it and use it to say something different. 'Leanabh a' Tilleadh Dhachaigh / Child Coming Home' is an elegy for a way of life that has decomposed, given a real poignance because the speaker is completely unaware of the emotions aroused in the listener. 'Dùil Leanaibh / A Child's Hope' has a grim punch line which lets us see beyond the child's misapprehension to the condescending, humiliating reality.

In a more recent poem, Montgomery has abandoned indirectness to denounce a new race of bureaucrats as merely military invaders of a different kind. They are unconscious of how they are being used against their own people, and therefore have all the pathos of the original Highland regiments, puppets of an intention that alienates them ('The Queen's Owned Highlanders'). The verse retains its musicality, seen in the nursery-rhyme close of this poem or in the careful parallelism of the two stanzas of 'Nam bitheadh agams' eilean / If I had an island', the detached punch line funny as well as devastating. 'Na Sasannaich / The English' uses macaronic technique, inserting snippets of English moralising, but has all Montgomery's psychological complexity. She feels compelled to acquire a distance from the antipathy the incomers inspire in her, as if it risked offering all too easy confirmation of a prejudice. She may of course require no further explanation for her anger than the certainty that it is always wrong for one nation to occupy the land and institutions of another.

Montgomery's verse demonstrates the virtues of scepticism and self-questioning. Obscurity may even be preferable to ill-founded conviction. Meg Bateman's work has opposing virtues. She chisels away at her poems, paring them down until what is left has a brilliant, jewel-like clarity. The persona that emerges is highly attractive: warm and sensuous, generous and lacking any caution in the giving and declaring of love. Yet one comes to feel that a subtly different scenario underlies the one apparent in her poems. Superficially, her experience is of rejection, of a gift constantly proffered which, dismayed, she finds still in her hands. She is rejected because what she holds out is not enough to give the beloved one pause, to rivet his attention on her. The location of the disappointment, however, of the perceived gap between the ideal and the real, is the poet's own consciousness. It is she who finds the response inadequate, who is consistently chilled and appalled by the way human interchange fails to realise the potential she feels sure is present in herself and in the world.

Awareness of this split is constant in her poetry. It may be something that links her, thematically, to Sorley Maclean, although whereas he saw the split within himself, dividing reason and emotion, the intellect and the heart, for Bateman it is in the nature of things. In both 'Pàrtaidh / Party' and 'Chan innis mi dhut / I won't tell you' she prefers her dream of perfection to the inevitable disillusionment that would result from approaching the beloved directly. In 'Dè 'm math dhòmhsa / What good is it to me' the split is between desire and the grim reality of unfulfilling sex, where a man who was once the pole-star becomes a suffocating weight blocking out any view of the sky. In 'Aotromachd / Lightness' the same quality attracts and frustrates her. This man's beauty is too insubstantial to nourish her, to allow any permanent holding on, yet she might well have found anything weightier distasteful. 'Thèid mi am falach air solas / I hide from the light' makes the conflict explicit, between a world that is 'foirfe / perfect' and one that is 'cruaidh clachach / hard and stony'. How can one and the same man be a god, and capable of washing her pained feet?

The imagery comes from the New Testament, and Bateman has spent several years in the study of classical Gaelic religious poetry. Her greatest debt, however, is to the anonymous traditional songs celebrating male beauty and the joy and pain of love from a woman's viewpoint. To those who know them, a phrase like 'cùl do chinn fhìon-dathte ... am bac mo ruighe / your wine-coloured head ... in the crook of my arm' has endless resonances, and the imagery of the apple-tree in 'Do Leanabh gun Bhreith / To an Unborn Child' is immediately familiar and evocative. The link with tradition makes one hear more than just Bateman's voice in her poetry, even when its material is modern. In 'Cha tig thu gu mo ghàirdeanan / You will not come to my arms' and 'Bha mi gad chàineadh / I was reviling you' the man she loves is clearly gay – in this case at least, the split between desire and reality is indeed in the nature of things.

Alone of the poets in this book, Bateman prefers to use traditional patterns of rhyme. Her aesthetic owes much to the songs, and she works on the level of couplet and stanza, her imagery concentrated and to the point, rarely spilling over to encompass a whole poem or even a stanza. Yet practice and theme are linked. The tyranny of perfection goading the poet in her work goads the lover in her poems. Her approach to relationships and to emotion is no less aesthetic than her approach to language, and equally intolerant of imperfection. And this demandingness means that her clarity has something awesome and terrible about it.

At times her thematic range seems unnecessarily limited. Can it be that the men she loves outdo in importance all other aspects of a woman's life? One might answer that her theme was sufficient for Cavalcanti, Petrarch and Gaspara Stampa. Bateman is also an Edinburgh poet, of the Barclay Church steeple in 'Aig an Uinneig / At the Window' or of Moray Place in the poem set there, with its needle-sharp sympathy for the independent widows with their hidden burdens, spectral Miss Brodies who give so much of the cityscape its tone.

Anne Frater is the youngest poet in the anthology, less than half the age of Aonghas MacNeacail, and it is fair to assume that she is only at the beginning of her career. Her point of departure, where method is concerned, is the work of Thomson and Hay, their almost allegorical presentation of an image and its proposed interpretation. She shares their unequivocal commitment to nationalism. Already, however, one can feel her developing a personal tone. In Thomson's work, there is rarely a specific focus on the poet's ego. It does not enter on a collision course with the world (what Maclean calls 'bàrd a' strì ri càs an t-saoghail / a poet struggling with the world's condition'), but has a stroking, caressing contact such that sense impressions are noted and stored, echoing from childhood through to adult life. With Frater, the ego constitutes itself in a slow, dogged process which is in part an establishment and awareness of boundaries, a separating off.

She prefers short lines and an almost prosaic style, seeming to move round an object and examine its various aspects until suddenly we realise how powerful her grip on it is. This solidifying replaces Thomson's characteristic oscillation between image and meaning. Frater prefers her message to be implicit, so that it is left to the reader to decide that 'Leasachadh / Improvement' is about the numbing process of state education where this attempts to suppress a pupil's culture. Several poems are multivalent, the clarity and solidity of the image offering an effective counterpoise to the variety of possible meanings which radiate from it. The title suggests that 'Ar Cànan 's ar Clò / Our Tongue and Our Tweed' is about an English cuckoo in a Gaelic nest, but

the poem has a more general validity as an attack on innovation
when this destroys continuity, on imported techniques and sol-
utions (once more, the factor of place is crucial).

Frater comes from the same Lewis village as Thomson and
Crichton Smith. For both the older poets, the bonds linking them
to the island have been a source of conflict and struggle: Thomson
mingling guilt and longing, a regret for what is lost and an
acceptance that he can never quite be free in *An Rathad
Cian / The Far Road*, while Crichton Smith is at once sardonic
and idealist in *An t-Eilean agus an Cànan* ('The Island and the
Language'), never forgetting his animosity towards the religious
establishment. Frater's imagery is Hebridean throughout and, in
spite of the tree in 'Leasachadh / Improvement', her attachment to
Lewis and its life seems free of ambivalence, and can be celebrated
in 'Loch an t-Sìthein'. Even the sheep are an integrated part of this
landscape, considered without irony, as the poet identifies with
the dimly-intuited potential for rebellion in 'An Adharc / The
Horn'.

She enters Europe with her piece on the Berlin Wall, which has
a woman as protagonist and focuses on the moment when she
and the soldier, opposing forces and symbols of the powerless
and the empowered, join together in transgression, in stepping
across the barrier that only the day before would have turned
them to killer and victim. But Frater's finest piece to date, in my
opinion, is the resolutely local 'Aig an Fhaing / At the Fank',
about participation and exclusion, the boundaries between the
individual and the group, the poet and her community. The
tension built up through a sequence of concrete images and
physical sensations is resolved in a close which gives us the key to
integration, a key which is invisible but powerfully communal,
the Gaelic word.

Anne Frater was only nine when *Nua-Bhàrdachd Ghàidhlig*
appeared in 1976. One wonders how those who are nine today
will eventually read the poems in this book, and how it will affect
their thoughts and actions and, perhaps, their writing. The title of
the anthology has twofold implications. On the one hand, it
suggests that Gaelic poetry is projected into a future not of one or
two decades, but which can, given political will and the commit-
ment of individuals, be limitless. On the other hand, Gaelic
poems, like any poetic word, are thrust into a void which often

seems limitless and unresponsive, but where they hope to find an echo, or even a resonance which will persist in time.

Christopher Whyte

an talla a fhuair sinn gun cheilear,
is far an cluinnear moch is feasgar
ceòl ar sìnnsre is gàir ar seinne;
an leabhar far an sgrìobhar leinne
bàrdachd ùr fon rann mu dheireadh
a chuireadh leis na bàird o shean ann

Deòrsa Mac Iain Deòrsa

... and then there's no one
bar the unassimilated – bar-bar, bar-bar –
to save you, and why should they, since you
doomed them
to hold their tongues...

Edwin Morgan

Contents

Meg Bateman

A chionn 's gu robh mi measail air / Because I was so fond
of him   4
An dèidh an Tòrraidh / After the Funeral   4
Gàrradh Moray Place an Dùn Eideann / Moray Place
Gardens, Edinburgh   6
Cha tig thu gam ghàirdeanan / You will not come to my
arms   8
Bha mi gad chàineadh / I was reviling you   8
Dh'fhosgail thu mo chridhe / You opened my heart   8
Pàrtaidh / Party   10
Alba fo Dhìmeas / Scotland Despised   10
Chuir thu a-raoir / Last night you sowed   10
Sìoladh na Gàidhlig / The Loss of Gaelic   12
Chan innis mi dhut / I won't tell you   12
Mar na dìtheanan beaga grianach seo / Like these tiny
sunny flowers   12
Tha ceann casarlach mo leannain / My lover's curly head   14
Thèid mi am falach air solas / I hide myself from the light   14
Tòrradh sa Gheamhradh / Winter Funeral   14
Judy   16
Dealbh Mo Mhàthar / Picture of My Mother   16
Do Leanabh gun Bhreith / To an Unborn Child   16
Aig an Uinneig / At the Window   18
Dè 'm math dhòmhsa / What good is it to me   18
Gille a' Sireadh Obair / Boy Looking for Work   18
Aotromachd / Lightness   20
Uair bu dual dhomh / Once it seemed inevitable   20
Rut san Ospadal / Ruth in Hospital   22
An Glaschu / In Glasgow   24

Is duilich leam do dhol air ais a dh'Eirinn / Hard for me
  your going back to Ireland   24
Gun drochaid ann / There being no bridge   24
'S e mo ghaol a' ghrian san adhar / My love is the sun in
  the sky   26
Oran sa Gheamhradh / Song in Winter   28

Maoilios Caimbeul / Myles Campbell

Cogadh an Dà Chànain / The War of the Two Languages   34
Epigream / Epigram   34
Do Chreidmheach / To a Believer   34
Caochladh / Change   36
A-nochd / Tonight   40
Gràdh is Tuaileas / Love and Slander   40
An t-Eilean na Bhaile / The Island a Town   42
An Clamhan / The Buzzard   44
Bogsa nan Litrichean / The Letterbox   44
Dha Leòdhasach sam bith / To any Lewisman   44
An Ath-Bhreith / Reincarnation   46
Duilleagan / Leaves   48
Dè 'm feum urram àrd? / What profit…   48
Ceòl / Music   50
Bhuainn agus Dhuinn / From us and for us   50

Anne Frater

Grian / Sun   60
Dà Rathad / Two Roads   60
Geamhradh / Winter   62
Ar Cànan 's ar Clò / Our Tongue and Our Tweed   62
Smuain / A Thought   64
An Adharc / The Horn   66
Bàs na h-Eala / The Death of the Swan   68
Lit' gun Shalainn / Unsalted Porridge   68
9mh den t-Samhainn 1989 / 9th November 1989   68
Leasachadh / Improvement   72
Loch an t-Sìthein   74
Aig an Fhaing / At the Fank   74

Fearghas MacFhionnlaigh

Airson Màiri / For Mary 82
Eun Neònach / Strange Bird 82
An Fhaoileag / The Seagull 84
Laoidh Nach Eil do Lenin / A Hymn Which Is Not to
  Lenin 84
Marbhrann / Epitaph 88
Tuiteam Icaruis 1 / Fall of Icarus 1 88
Tuiteam Icaruis 2 / Fall of Icarus 2 90
Flùrannan / Flowers 94
An t-Eun agus Eirigh na Grèine / The Bird and the Sunrise 96
A' Mheanbhchuileag (trì earrannan) / The Midge (three
  extracts) 98
Dàn do Chiaran 20/1/83 / Poem to Ciaran 20/1/83 104
Là Banachadh na Triuthaiche / Day of the Whooping-
  Cough Vaccine 106

Aonghas MacNeacail

bratach / banner 112
duanag an aghaidh eudaich / little song against jealousy 112
òran luaidh / love song / waulking song 112
an aimhreit / the contention 116
dàn / poem / fate 116
an cathadh mòr (dà earrainn) / the great snowbattle (two
  extracts) 118
thug thu dhomh samhradh / you gave me summer 120
bha 'n oidhch' ud / there was that night 124
fòrladh dhachaigh / home vacation 124
oideachadh ceart / a proper education 126
samhla / appearance 130
an tùr caillte / the lost tower 130
beul beag / little mouth 132
chum mi seachad / i kept on past 136

Catrìona NicGumaraid / Catriona Montgomery

Tha dualan mo rùin / My love's locks are curly	142
Grian is ceòl / Sun and music	142
An ceò a dh'fhalaich thu / The mist that hid you	142
Chan urrainn dhomh do leigeil seachad / I cannot give you up	144
Nan robh agam sgian / If I had a knife	144
Bha gealladh gaoil / There was the promise of love	144
Is beag orm a' mhadainn / I care little for the morning	144
'Bhàsaichinn' / 'I would die'	146
A' Chraobh / The Tree	146
Obair-ghrèis / Embroidery	148
Uaighean / Graves	150
Gun Stiùir / Rudderless	150
Ròdhag, 2000 A.D. / Roag, 2000 A.D.	152
Eilidh	152
An Taigh Beag / The Wee House	154
Aoir / Satire	154
Gu Dòmhnallaich Aimeireagaidh / To the American Macdonalds	156
Urnaigh na Ban-Tigrich / The Prayer of the Tigrean Woman	160
An Carghas Seo / This Lent	160
Làraich / Imprints	162
Oran Gaoil / Love Song	162

Mairi NicGumaraid / Mary Montgomery

O Uinneag Chòir / Oh Kind Window	170
Gun Chuireadh / Uninvited	170
Sgàthan ann an Creig / Mirror in a Rock	172
An Taigh-tasgaidh 's an Leabhar / The Museum and the Book	174
Leanabh a' Tilleadh Dhachaigh / Child Returning Home	176
Duil Leanaibh / A Child's Hope	178
Na Gàidheil Ura – Eile / The – Other – New Gaels	178

Na dàin a ghabh sinn còmhla / The songs we sang
  together 180
Iarr / Ask 182
Cò cheannaicheas an t-eilean? / Who will buy the island? 182
An t-ordugh a-mach / The order is out 186
The Queen's Owned Highlanders 186
Nam bitheadh agams' eilean / If I had an island 188
Na Sasannaich / The English 190

Christopher Whyte

Annunciazione con Sant'Emidio 198
Beul an Latha / Dawn 200
Balbh / Dumb 202
Mar a Thubhairt a' Chrè ris a' Chrèadhadair / What the
  Clay Said to the Potter 204
Rex Tenebrarum 206
Anns an Ròimh / In Rome 210
Ann an Sruighlea Uair Eile / Return to Stirling 212
Miann / A Wish 214
Crann-ceusaidh fo Bhlàth / Crucifix in Flower 216
Di-dòmhnaich san Fhaoilteach / January Sunday 218
Envoi 218

Meg Bateman

Is e glè bheag a rinn mi de bhàrdachd mus robh mi ceithir bliadhna fichead a dh'aois. Aig an àm sin nochd tinneas-inntinn san teaghlach agam agus chaill mi m' fhear-gaoil. Shaoil mi gu robh crìoch air tighinn air an aighear agus – mar nach gabhadh sealladh cho dubh bruidhinn air – shir mi faochadh air choreigin ann an sgrìobhadh. 'S dòcha gun do sgrìobh mi sa Ghàidhlig on a bha i cho dlùth orm, is mi an sàs an rannsachadh air seann bhàrdachd dhiadhaidh. An toiseach cha bhithinn ach a' toirt aithris ann an cainnt bhàrdail air mo chuid fhaireachdainnean, ach mar a chaidh an ùine seachad dh'fhàs ùidh mhòr annam san dàimh eadar cruth agus smuain, agus ged a chaidh cùisean am feabhas an ceann bliadhna no dhà, cha do sguir mi den bhàrdachd. Bha mi air mo ghlacadh leis an dùbhlan tachartas phearsanta ath-bheòthachadh ann an duine eile. Tha m' oidhirpean fa chomhair seo fhathast sa Ghàidhlig. Mar a thaghadh deilbhear àraid crèadh seach fiodh no umha, 's ann a thagh mise a' Ghàidhlig, air sgàth a fuaimreagan so-obrachadh.

'S e bàrdachd an rud as duilghe agus as riaslaiche a nì mi. Mar as fhaisge a thig mi air deireadh dàin, 's ann as giorra a dh'fhàsas e; uaireannan cha bhi dad air fhàgail agus feumaidh mi aideachadh nach robh càil agam ri ràdh sa chiad dol-a-mach. Ach tha riarachadh sònraichte ann nuair a thig dàn gu buil, dàn dùmhail cruinn a sheasas leis fhèin san t-saoghal, gach lide na àite, a shnas na choilionadh smuain. 'S e mo dhòchas gun aithnich mo luchd-leughaidh na tha mi ag amas air ann an cothromachd crutha, agus na tha mi a' feuchainn ri ràdh mu aintighearnas na foirfeachd.

Meg Bateman was born in Edinburgh in 1959 and brought up there in a large, cheerful household. She learnt Gaelic in South Uist and at Aberdeen University, where she took an Honours degree in Celtic, and studied for a Ph.D. on Classical Gaelic religious poetry. She now lives in Edinburgh, teaching Gaelic at Telford College and at the university. Her poems have been published in *Gairm, Chapman, Lines Review, Verse, Fox, Scrievins, Innti, Gairfish, Scotfree* and *Poetry Ireland Review*, as well as in the anthologies *Fresh Oceans* (Stramullion) and *Scottish Women Poets* (Edinburgh University Press). She is one of four poets in *Other Tongues* (Verse) and her first solo collection, *Orain Ghaoil* (Coiscéim), appeared in 1990. She has given readings throughout Scotland, for STV and on tour in Ireland and Poland. She has worked on translations of Gaelic poetry, on reviews, Gaelic teaching materials and drama.

A chionn 's gu robh mi measail air

Thigeadh e thugam
nuair a bha e air mhisg
　　a chionn 's gu robh mi measail air.

Dhèanainn tì dha
is dh'èisdinn ris
　　a chionn 's gu robh mi measail air.

Sguir e a dh'òl
is rinn mi gàirdeachas leis
　　a chionn 's gu robh mi measail air.

Nist cha tig e tuilleadh
is nì e tàir orm
　　a chionn 's gu robh mi measail air.

An dèidh an Tòrraidh

Tha a' bhantrach na seasamh aig an doras,
a ceann an taic a' bhalla.
Tha gach rud sàmhach.
Tha na h-aoighean air am biathadh
is a' mhòr-chuid air falbh,
am bàgh 's am baile glas glas,
's na bàtaichean-iasgaich a' gabhail a-mach gun fhuaim.
Cluinnidh i còmhradh nam bana-chàirdean sa chidsin
is na bodaich, len dramannan,
a' bruidhinn air beatha dheagh-bheusach.
'Ann an dòigh 's e latha toilichte a bh'againn,'
tha i ag ràdh, a' coimhead a cuid mhac,
is aogas athar
ann an aodann gach fir dhiubh.

Gu h-obann sàthaidh a' ghrian a-mach bannan
solais liomaid-bhuidhe
thar nan raon de dh'fhochann gruamach,
is sguabar ceò airgeadach

Because I was so fond of him

He used to come to me
when he was drunk
  because I was so fond of him.

I'd make him tea
and listen to him
  because I was so fond of him.

He stopped drinking
and I was pleased for him
  because I was so fond of him.

Now he comes no more,
indeed he despises me,
  because I was so fond of him.

After the Funeral

The widow stands at the door
and leans her head against the wall.
All is quiet.
The guests are fed
and mostly gone,
and the sea and the town are grey, grey,
with the fishing boats silently putting out.
She hears the talk of the women in the kitchen
and the old men with their drams
discussing a life well-lived.
'It's kind of been a happy day,'
she says, looking at her boys,
each with his father's
likeness in his face.

Suddenly the sun stabs out bars
of lemon-yellow light
over the fields of glowering corn,
and wisps of mist

an àirde 's air falbh
thar a' bhàigh, 's briosgaidh na cliabh
gaol an fhir mhairbh air an t-saoghal,
is tionndaidhidh i a-steach
le deòir na sùilean.

Garradh Moray Place, an Dùn Eideann

Duilleagan dubha air an fheur,
fàileadh searbh na cloiche taise,
sop odhar de cheò
ga ìsleachadh mu na craobhan;
a' coimhead a-mach à bròn,
mòr-shùilean m' athar,
duilleag a' snìomh gu làr –
gluasad m' aigne.

Mun cuairt, coire thaighean drùidhteach,
comharra aois glòir-mhiannaich,
òrduighean cholbh clasaigeach
nach aithnich laigse san duine.

Gàrradh tathaichte aig bantraichean
fàilligeach, neo-eisimeileach,
a' coiseachd ann an cianalas an làithean,
an uallaichean ceilte.

Ach cluinnear an seo gliongartaich
coilearan chon grinn-cheumnach,
is chithear, fa chomhair nan taighean,
meanbh-dhuilleagan soilleir
gan leigeil sìos gu sèimh
aig a' bheithe chiùin, chuimir.

are whisked up and away
over the sea and she quickens
with the dead man's love for the world,
and turns back into the house
with tears in her eyes.

Moray Place Gardens, Edinburgh

Black leaves on the grass,
an acrid smell of damp stonework,
a wisp of ochre fog
lowering itself around the trees,
looking out from sorrow
my father's great eyes,
a leaf spinning to the ground –
the motion of my spirits.

All round, a cauldron of imposing houses,
sign of an ambitious age,
orders of classical columns
that do not countenance human frailty.

Gardens haunted by widows,
failing, independent,
walking in the wearisomeness of their days,
their burdens concealed.

But tinkling is heard here
from the collars of neatly-stepping dogs,
and against the houses
tiny bright leaves are seen
with the shapely birch tree
gently letting them go.

Cha tig thu gu mo ghàirdeanan

Dìlseachd
is spèis gun chrìontachd –
iad seo cuiridh tu an cèill dhomh,
is tha fhios gun rachadh tu
gu deireadh an t-saoghail
air mo sgàth-sa;
ach cha tig thu gu mo ghàirdeanan
mar chala dhut gach oidhche –
chan eil mo ghnè ceart
sin iarraidh ort.

Bha mi gad chàineadh

Bha mi gad chàineadh,
mo shùilean a' boillsgeadh,
is chan ann gun reusan a bha m' fhearg.

Tacan bhuam, bha thu a' bruidhinn ris,
a' dèanamh gàirdeachas leis,
a' toirt pòg dha an dèidh na dealbh-cluich.

Is chrìon mi sa mhionaid,
on a thuig mi, ge b'oil leam,
gur annsa leam fon ghrèin do spèis.

Dh'fhosgail thu mo chridhe

Dh'fhosgail thu mo chridhe
do gach bòidhchead –
do bhòidhchead solais
is ciùil
is cneasdachd,
is do bhòidhchead do ghaoil ghlòrmhoir
nach urrainn dhomh a ghleidheadh
is fhathast nach ceadaich fear eile dhomh.

You will not come to my arms

Loyalty
and abounding affection –
these you show me,
and I suppose you'd go
to the end of the world
for *my* sake;
but you won't come to my arms
as a harbour for you each night –
my sex is not right
to ask that of you.

I was reviling you

I was reviling you,
my eyes flashing,
and my anger was not without reason.

Nearby, you were speaking to him,
congratulating him,
giving him a kiss after the play.

And I crumpled at once,
as I understood, despite myself,
that in all the world your regard is dearest.

You opened my heart

You opened my heart
to every beauty –
to the beauty of light,
of music,
of humanity,
and to the beauty of your radiant love
that I cannot hold
and yet allows me no other.

Pàrtaidh

Mu dheireadh an dèidh mhìosan,
tha mi rithist a' cluinntinn do ghàire,
is tron t-sluagh chì mi t' aodann loinneil
is gràs gluasad do làmhan;
ach cha tèid mi a-null thugad
a ghabhail do naidheachd,
oir chuirinn-sa sgàil nad shùilean soilleir
is theicheadh m' aisling de t' uallachd.

Alba fo Dhìmeas

Chuala mi oileanach ag ràdh,
'Luchd nan eilean, chan iongantach
gur suarach an cultar –
dè 'n cothrom a th'aca air ealain?'

Is lean fear eile air,
'Mura biodh an t-Ath-Leasachadh,
bhitheadh Mozart is Verdi
againn fhìn ann an Alba...'

Tha mi ag ionnsachadh bhuapa
gu bheil obair an oideachais coilionta;
a-nist chan fhaic iad
an grinneas nan dualchas.

Chuir thu a-raoir

Chuir thu a-raoir
sìol gun fhios dhomh,
is dhùisg mi sa mhadainn,
ùr-fhàs nam chridhe,
comharradh sèimh
gun tig blàth dham bhruthaich,
ged a bha e coltach
gu robh mo thuil air traoghadh.

Party

At last, after months,
I hear your laughter again,
and through the crowd I see your lovely face
and graceful gestures;
but I won't go over to you
and ask for your news
for I'd cast a shadow in your clear eyes
and my vision of your lightsomeness would vanish.

Scotland Despised

I heard a student say,
'The teuchters, it's not surprising
their culture's pathetic;
what chance have they to see the arts?'

And another continued,
'But for the Reformation
we'd have a Mozart and a Verdi
of our own in Scotland...'

I'm learning from them
the business of education is complete,
now they will not see
the fineness in their heritage.

Last night you sowed

Last night you sowed
seed without my knowing
and I woke in the morning
with new growth in my heart,
a gentle sign
that blossom will come to my bank,
even though it seemed
that my flood had ebbed.

Sioladh na Gàidhlig

Thug thu tuigse dham inntinn
air sìoladh rud nach till a leithid,
air creachadh air a' chinne-daonna
nach gabh leasachadh...

Cailleach air bàsachadh aig baile,
ròpa t' acaire a' caitheamh;
nist tha mi a' faicinn nad shùilean
briseadh-cridhe na cùise.

Chan innis mi dhut

Chan innis mi dhut
gu bheil mi air ais an seo –
tha sin fada seachad.

Ach tha an t-àite gu mionaideach
gad dhùsgadh nam chuimhne –
's tusa tùs mo thlachd a-nochd,
a' toirt dùbhlan do chaochladh tìme.

Mar na dìtheanan beaga grianach seo

Mar na dìtheanan beaga grianach seo,
t' aighear 's do ghàire,
mar an osag a' mire san t-seasgann
do chòmhradh sùrdail uallach,
mar bhreacadh nan sgòthan thar na riasglaich
na solais nad shùilean àlainn,
is mar an stoirm air an fhàire cheathaich
mo mhiann bhruthainneach fo bhruaillean.

The loss of Gaelic

You gave me an intellectual grasp
of something unique dying out,
of a despoiling of humanity
for which there can be no reparation...

An old woman dies at home,
your anchor rope is fraying;
now I can see in your eyes
the heart-break of the matter.

I won't tell you

I won't tell you
that I'm back here –
that's all long over.

But in every detail
the place evokes you;
you are the source of my joy tonight,
challenging time's changes.

Like these tiny sunny flowers

Like these tiny sunny flowers
your joy and your laughter,
like the breeze rippling through the sedge
your playful talk,
like the dappling of the clouds on the moor
the lights in your lovely eyes,
and like the storm on the hazy skyline
my sultry desire in turmoil.

Tha ceann casarlach mo leannain

Tha ceann casarlach mo leannain
mìn rim amhaich,
's mo chorragan nan ruith thar a lethchinn
's a' slìobadh a bhilean cadalach;

ach is mìne fhathast mala
an fhir agus a ghaol air fuaradh,
nach cuimhnich a-nochd ar n-aighear
is gàirdeanan eile ga shuaineadh.

Thèid mi am falach air solas

Thèid mi am falach air solas
m' ùidhe gile,
reul-iùil mo mhiann 's mo thograidh,
dùil neo-thruaillte,
mo gheamnachd uaibhreach fo ghèill aig
saoghal foirfe;
ach tha an saoghal seo cruaidh clachach
's an t-slighe fada,
is 's e mo chreach a bhith dèanamh dhiathan
de chloinn nan daoine,
gun fhear a' tighinn nam chomhair
a nigheas mo chasan cràidhte.

Tòrradh sa Gheamhradh

Tha an cràdh a' sgoltadh t' aodainn
mar a tha 'n uaigh a' sgoltadh na talmhainn
is brùchdaidh mo ghaol dhut a-mach
amh-dhearg
mar na fleasgan nan laighe air an reothadh.

My lover's curly head

My lover's curly head
is soft against my neck,
as my fingers run over his cheek,
and stroke his sleepy lips;

but softer yet the brow
of the one whose love has grown cold,
who tonight won't recall our happiness
as he lies in other arms.

I hide myself from the light

I hide myself from the light
of my bright love,
pole-star of my desire and my longing,
hope undefiled,
my proud chastity in bondage
to a perfect world;
but this world is hard and stony
and the way is long;
it is my ruin to be making gods
of my fellow-man,
with no-one coming near me
who will wash my sore feet.

Winter Funeral

Pain makes a gash in your face
as the grave gashes the ground
and my love for you bursts out
red-raw
like the wreaths lying on the frost.

Judy

Isd,
tha i an seo aig an teine,
na cadal cruinn air na pilleanan.

Lorgaidh tu sgàil
gach ruisg
air a gruaidh chorcra,
is an loidhne làidir seo
na ruith thar slèisde 's cruachainn 's cuim,
agus cruinne làn a calpannan,
O, is cruinne mheuranta a h-òrdagan...
seall mar a dhùisgeas às ùr innte
bòidhchead àrsaidh na h-ighinn òige.

Dealbh Mo Mhàthar

Bha mo mhàthair ag innse dhomh
gun tig eilid gach feasgar
a-mach às a' choille dhan achadh fheòir –
an aon tè, 's dòcha,
a dh'àraich iad an-uiridh,
is i a' tilleadh a-nist le a h-àl.

Chan e gràs an fhèidh fhìnealta
a' gluasad thar na leargainn
a leanas rim inntinn, no fòs
a dà mheann, crùbte còmhla,
ach aodann mo mhàthar 's i a' bruidhinn,
is a guth, cho toilicht', cho blàth.

Do Leanabh gun Bhreith

Cha tusa toradh na dùrachd,
cha tus' an dùil air a coilionadh,
thus' a ghineadh gun aire –
aiteal de dh'aithneachd eadar coigrich.

Judy

Hush,
she's here at the fire,
curled up asleep on the cushions.

You can trace the shadow
of every lash
on her scarlet cheek,
and the strong line
running over thigh and hip and waist,
and the full roundness of her calves
and oh! the tiny roundness of her toes...
look how there breaks in her anew
the ancient beauty of a young woman.

Picture of My Mother

My mother was telling me
that a hind comes every evening
out of the wood into the hay-field –
the same one probably
they fed last year,
returning now with her young.

It isn't the grace of the doe
moving across the slope
that lingers in my mind, nor yet
the two fawns huddled together,
but my mother's face as she spoke,
and her voice, so excited, so warm.

To an Unborn Child

Not you the fruit of hope,
not you the fulfilment of promise,
child conceived without thought –
glimmer of recognition between strangers.

Tha an t-abhall crom anns a' ghaillinn,
a bhlàth ga shracadh bho na geugan;
tha an sneachd ga dhinneadh thar na dùthcha,
na cleiteagan gam mùchadh sna cuantan.

A naoidhein, air an t-saoghal dèan tròcair,
gabh ort cor breòite nan daoine
san t-soinninn aoibhinn shàmhach
tha am broinn do mhàthar a' sgaoileadh.

Aig an Uinneig

Sgàil dhuilleagan ùra air na meanglanan,
stìopall na h-eaglais air an cùlaibh fo dhubhar,
eatarra siubhal loinneil faoileige
gad leigeil gu caoin a-steach nam chuimhne.

Dè 'm math dhòmhsa

Dè 'm math dhòmhsa
a bhith nam laighe fodhad,
thusa a bu reul-iùil
m' uile thograidh,
's do chorp trom
a-nist gam bhrùthadh ris an talamh,
a' dubhadh às nan speuran
is lainnir reultan fad às?

Gille a' Sireadh Obair

Duilleag bhàn-bhuidhe
a' tionndadh air a faillean 's a' teàrnadh,
a' fàs nas lugha, nas rèidhe,
mar t' aodann an-diugh

The apple-tree bends in the storm,
its blossoms torn from the branch,
snow drives across the land,
flakes smothered on the waves.

Child, pity our world,
take on mankind's fair frailty
in the bright joyful calm
that spreads through your mother's womb.

At the Window

New leaves spangled on the branches,
the church spire behind in shade,
between them the shining flight of a gull
drops you softly into my mind.

What good is it to me

What good is it to me
to be lying below you,
you who were the pole-star
that drew my longing,
with your heavy body
now crushing me to the ground,
blotting out the skies
and the lure of distant stars?

Boy Looking for Work

A pale-yellow leaf
turning on its twig and dropping,
growing smaller, flatter
like your face today

aig *roundabouts* is *slipways*
air na rathaidean gu deas,
a' sleamhnachadh bhuam
sìos ioma-shlighe m' aineoil.

Agus fhathast laigh thu nam ghàirdeanan
fad na h-oidhche raoir,
's dh'fhàg do chruinnead ghrinn òg
a lorg air mo bhoisean,
gam phianadh leis a' chùram
a bha air Eubha mu Adhamh,
mise, boireannach gun ainm,
's tusa, gille bho thuath.

Aotromachd

B'e t' aotromachd a rinn mo thàladh,
aotromachd do chainnte 's do ghàire,
aotromachd do lethchinn nam làmhan,
t' aotromachd lurach ùr mhàlda;
agus 's e aotromachd do phòige
tha a' cur trasg air mo bheòil-sa,
's 's e aotromachd do ghlaic mum chuairt-sa
a leigeas leis an t-sruth mi.

Uair bu dual dhomh

Uair bu dual dhomh
cùl do chinn fhìon-dathte
bhith am bac mo ruighe, 's an cruinne-cè
a' tionndadh air aiseal tron oidhche,

ach chan fhaide bho chèile
na reultan a-nochd
na mise agus tusa.

at roundabouts and slipways
on the motorways south,
sliding away from me
down a labyrinth of difference.

And yet last night you lay in my arms
all night long,
and your neat young roundness
left its imprint on my palms,
hurting me with the tenderness
Eve knew for Adam,
me, an anonymous woman,
and you, a boy from the North.

Lightness

It was your lightness that drew me,
the lightness of your talk and your laughter,
the lightness of your cheek in my hands,
your sweet gentle modest lightness;
and it is the lightness of your kiss
that is starving my mouth,
and the lightness of your embrace
that will let me go adrift.

Once it seemed inevitable

Once it seemed inevitable
your wine-coloured head lay
in the crook of my arm, as the globe
turned on its axis through the dark,

but the stars tonight
are not further apart
than you and me.

'S e eagal do chall
a mhùch mo mhisneachd 's mo mhiann,
is 's e cion smiora
a leig leat dol nad fharbhalach.

Chaill mi thu, a luaidh,
eadar nàire is gealtachd,
is nad lùib, chaill mi a-rithist mo dhùil
ri tèarmann an aghaidh na sìorraidheachd.

Rut san Ospadal

Cearcall air chearcall
nì do chorrag air mo bhriogais –
saoghail nach fhaic mi,
ceòl nach cluinn mi . . .

Beag air bheag
tha an cloc air a' bhalla
a' sreap ris an uair.
Cuiridh mi do làmh far mo ghlùine.
''S fheàrr dhomh falbh,'
is tha do chorp nam ghàirdeanan
mar liùdhaig.

Boireannach trom aosda
a' tarraing gun fhiosda tro na sràidean dorcha,
geumnaich bho bhuaile an taigh-spadaidh,
fulangas is feitheamh;
och am feitheamh 's am fulangas,
och thusa, thusa –

maith dhuinn, a Dhia.

It was the fear of losing you
that stifled my tenderness and courage,
and lack of fighting spirit
that let you become a stranger.

I lost you, my darling,
between shame and timidity,
and with you, I lost again my hope
of a refuge in the face of eternity.

Ruth in Hospital

Round and round
goes your finger on my trousers –
worlds I can't see,
music I can't hear . . .

Little by little
the clock on the wall
struggles towards the hour.
I set your hand from my knee.
'I'd better go,'
and your body in my arms
is like a rag-doll.

An old heavy woman
shuffling unnoticed through the dark streets,
lowing from the slaughter-house pens,
suffering and waiting;
oh, the waiting and the suffering.
oh, you, you.

God, forgive us.

An Glaschu

Abair sealbh is sonas
bhith tachairt air an t-sràid riut,
a' ghrian a' deàrrsadh,
na bàraichean fosgailt'...

Och, abair nàire
bhith gun smuain ri cur an cèill,
m' inntinn glacte gu lèir
led àilleachd.

Is duilich leam do dhol air ais a dh'Eirinn

Is duilich leam do dhol air ais a dh'Eirinn
is làn m' fhaireachdainn a' ruith gu saor;
tha sluaisreadh na gaineimh a' sgiùrsadh mo chridhe
is gach braon den t-sàl ri caoidh.

Ge buan an t-astar a tha eadarainn,
nan aidicheadh tu aon uair mo bhàidh bhalbh
lìonadh Sruth na Maoile le òr falpannach
is faoileagan gad leantail slàn gu cala.

Gun drochaid ann

Gun drochaid ann,
chuir thu do chùl rium,
dhùin thu do chluasan rim ghuidhe,
rinn thu tàir air fochann mo dhùthcha.

Ach nan robh thu air làmh a shìneadh
bhithinn air gearradh a-null
ann an cruinn-leum thugad.

In Glasgow

What bliss and good fortune
to meet you in the street,
the sun shining,
the bars open...

What mortification
to think of nothing to say,
my mind transfixed
by how lovely you're looking.

Hard for me your going back to Ireland

Hard for me your going back to Ireland
while the tide of my feeling runs free;
the churning of the waves is thrashing my heart
and every drop of water grieves.

Though the distance between us will endure
if you would once acknowledge my affection
the North Channel would fill with splashing gold
and with seagulls following you safe to harbour.

There being no bridge

There being no bridge
you turned your back on me,
you stopped your ears to my pleas,
you disdained my plains of green corn.

But if you had stretched out your hand
I would have leapt over to you
at one bound.

'S e mo ghaol a' ghrian san adhar

'S e mo ghaol a' ghrian san adhar,
blàth dùmhail siristeach a' bogail fo mheangan,
achaidhean sgeallaig is achaidhean arbhair,
na faidhbhilean làidịr a' cumail ceum ris an rathad,
na buin fhèitheach, a' chairt glas-chaoin,
a' ghaoth a' siùdadh nan duilleagan tana.

Thar nan similear san fheasgar fead nan gobhlan-gaoithe,
's iad a' ruidhleadh, a' tèarnadh, a' tuiteam dhan doimhne,
far an snàmh na cuileagan fo na craobhan nam
           fraoidhneas;
sna gàrraidhean sgàthach a' chòinneach a' boillsgeadh,
na rèilichean còmhdaicht' le liath-chorcra loinneil
is le iadhshlait òmair, cùbhraidh tron oidhche.

Is tron oidhche paisgidh mi an gaol nam làmhan,
gaol cho àlainn 's gun cum e gach àilleachd,
gaol cho socair 's nach tig an t-eagal dhan phàilliun;
tuilleadh chan fhaighear na cùirtearan sracte,
car sa chrùisgean, an cridhe falamh,
's an gaol crochaicht' an snaim-ruith an àmhghair.

Tuilleadh cha chuir an gaol an ruaig orm,
le agartasan deamhnaidh 's a shannt luaineach,
a sholas seargaidh, a theagamh tuathail;
tuilleadh chan udail m' anam ann an uaigneas,
cinn a' tachairt 's a' sgaradh air stuaghan,
beòil a' pògadh sa bhalbhachd uamharr.

Cùl mo ghràidh air a' chluasaig m' aighear air dùsgadh,
ceann cuimir air amhaich lùbte,
clàr aodainn ciùin ùrar;
tha do lethcheann de dh'òr, t' fhalt de dh'umha,
tha sìoda bàn snìomhte nad mhala na dhuslach,
is sròl sgaoilte an slag mìn t' ugain.

My love is the sun in the sky

My love   is the sun in the sky,
thick cherry blossom   bobbing under boughs,
fields of mustard   and fields of corn,
the strong beech trees   keeping pace by the road,
the trunks sinuous,   the bark smooth-grey,
the wind rocking   the soft leaves.

Over the chimneys at evening   the whistle of swifts,
reeling and swooping,   dropping to the depths
where the flies float   in fringes from the trees;
in the shadowy gardens   the moss shining,
the railings covered   with luminous lilac
and amber honey-suckle   fragrant through the night.

And through the night   I hold love in my arms,
love so lovely   it holds all loveliness,
love so gentle   fear cannot enter its tabernacle;
no more will the curtains   be found rent asunder,
the lamp over-turned,   the heart empty,
and love hanged   in the noose of despair.

No more will love   put me to flight,
with its manic demands   and restless greed,
its withering light   and awkward doubt.
No more will my spirit   flounder in loneliness
heads meeting   and parting in the waves
mouths kissing   in dreadful muteness.

My love's head on the pillow   is my joy on waking,
a shapely head   on curving neck,
a calm face   light and fresh;
your cheek is of gold,   your hair of copper,
pale silk is woven   through your brows like dust,
and satin spread out   in your collar-bone's hollow.

Mar ghilead an latha do chorp rim thaobh-sa,
m' uile shògh is sonas,   sìth is caoimhneas,
mo neart, mo mhisneachd, mo mhiann faoilteach;
ionmhainn t' anail chagarach, tàladh dhan t-saoghal,
ionmhainn do ghàirdeanan, m' acarsaid fhaodail,
ionmhainn gach òirleach dhiot,   mo chuid ri caomhnadh,

    nad uchd thig mi gu tàmh.

Oran sa Gheamhradh

Chan eil stàth bhith toirt seachad gaol gun iarraidh,
gaol do-sheachnach a nochdas na iargain

thar rèidhleanan m' eòlais, madainn air mhadainn
mar thig eigh dha na claisean, reothadh dhan asbhuain.

Searbh an ceathach a' sleuchdradh nam bruthach,
goirt sgrìob a' chroinn ag iadhadh nan tulach.

Thig, a shneachd, thig, còmhdaich na slèibhtean,
rag an talamh an cridhe na pèine;

còmhdaich na sliosan, còmhdaich a' ghiùthsach,
còmhdaich an raineach 's a' bheithe ghlas rùisgte;

còmhdaich an druim far 'n do ruith an fhalaisg,
còmhdaich na sruthain 's an luachair thana;

falaich luimead nam mòintichean cuimir,
leig dearmad tuiteam air sòghalachd cuimhne.

Like the brightness of day   your body beside me,
all my ease and bliss,   my peace and tenderness,
my strength, my courage,   my eager desire;
beloved your whispered breathing,   that would soothe the
                                                world,
beloved your embrace,   a harbour chanced on,
beloved every inch of you,   my lot to cherish,

in your arms I'll come to rest.

Song in Winter

There is no point giving unwanted love,
inevitable love that appears in its anguish

over all I know, morning after morning,
as ice comes to ditch, frost to stubble.

Bitter the fog daubing the braes,
raw the plough's furrow circling the knolls.

Come, snow, come, cover the hills,
numb is the soil at the heart of pain;

cover the slopes, cover the pinewoods,
cover the bracken and leafless birch-scrub;

cover the ridge where the heath-fire ran,
cover the streams and dank rush beds;

hide the bareness of the shapely moors,
let oblivion fall on voluptuous memory.

Maoilios Caimbeul
Myles Campbell

Rugadh agus thogadh mi ann an dachaigh ghràdhach, Ghàid-healach. Tha m' athair à Nis Leòdhais agus mo mhàthair à Stamhain Thròndairnis. B'i a' Ghàidhlig an còmhnaidh cainnt na dachaigh.

Bha m' athair na mhiseanaraidh anns an Eaglais Shaoir ann an Leòdhas agus anns an Eilean Sgitheanach, agus bliadhna no dhà ann an Gleann Eilg. Bho bheanntan greadhnach Stamhain gu monadh sìnteach an Acha Mhòir gu bàgh craobhach Ghleann Eilge, dhrùidh iad uile orm agus dh'fhàg iad an làrach nam chridhe.

O bha mi nam bhalachan bhiodh m' inntinn a' ceasnachadh, agus a' claonadh gu feallsanachd. Dè tha fìor? Dè a' bhunstèidh a tha aig moraltachd? Agus mar sin air adhart. Nuair a bha mi nam òganach bha buaidh mhòr aig bàird mar Keats agus Wordsworth orm. O bha mi dusan gu seachd air fhichead bhithinn a' sgrìobhadh rannan ann am Beurla. A' coimhead air ais orra chan eil mi smaoineachadh gu bheil iad gu mòran feum.

'S ann nuair a dh'ionnsaich mi Gàidhlig a sgrìobhadh – aig seachd air fhichead – a thòisich mi air 'dain' a dhèanamh ann an Gàidhlig. Nam bithinn air Gàidhlig a dhèanamh anns an sgoil, dh'fhaodadh gum bithinn air 'dain' Ghàidhlig a sgrìobhadh na bu tràithe.

Dhòmhsa 's i a' Ghàidhlig cànan a' chridhe agus a' Bheurla cànan na h-eanchainn, agus ged a tha nithean a tha sinn a' creidsinn nuair a dh'fhàsas sinn suas a' toirt buaidh air ar fair-eachdainn, chan eil càil ann a sgaras sinn bho ar màthair-uisge, sin ri ràdh ar leanabas. Tha mi a' sgrìobhadh rannan airson gu feum mi a bhith a' cruthachadh rudeigin. Agus tha bàrdachd air leth feumail airson ciall a thoirt às an t-saoghal. Faodaidh dàn dealbh a dhèanamh dhuinn air cuibhreann den t-saoghal, agus tuigse na h-eanchainn agus stòras a' chridhe a thighinn còmhla mar gum biodh ann an aon sealladh.

Myles Campbell was born in Staffin, Skye in 1944. His father was a missionary in the Free Church, and Myles attended four primary and three secondary schools before graduating from Edinburgh University, where he studied Celtic, English and History. He trained as a teacher and taught in Mull, where he still lives, from 1977 to 1984. He spent the next two years as Gaelic Development Officer for the Highlands and Islands Development Board before becoming a full-time writer. His poems have appeared in *Chapman* and *Comhair, Gairm* and *Orbis*. He has published three volumes of poetry: *Eileanan* (Gairm 1980), *Bailtean* (Gairm, 1987) and *A' Càradh an Rathaid* (Coiscéim 1988). He has also written two books for younger readers, *Clann a' Phroifeasair* (Gairm 1988) and *Talfasg* (Gairm 1990).

Cogadh an Dà Chànain

'S mi an leanabh sàraicht',
an dithis gam altramas.
Fhuair mi 'n t-uachdar om mhàthair
ach om mhuime bainne lom.

Tha mo bheul sgìth de chìch na tè ud,
an sgalag! an tràill!
a tha air iomadh muinntireas fhaicinn,
a' reic a bainne ris a' mhòr-shluagh –
's beag an t-iongnadh a cìoch a bhith cas.
Tha a bainne geur a' dol
tarsainn m' anail
agus a' fàgail blas searbh na mo bheul.
Cha ghabh ìm no càis' a dhèanamh dheth.

'S chan e sin,
ach tha e sabaid
airson uachdranachd
air an stapag mhilis
a tha daonnan nam bhràigh.

Epigream

'S dòcha gur tu fhèin a bha siud,
Aphrodite, ann an uinneig a' bhanca,
a' coimhead air an t-sluagh cho pròiseil.
Do chìochan - dà shùil mhì-rianail –
a' toirt dùbhlan dha t' aodach:
shuath ar sùilean, agus rinn thu gàire.

Do Chreidmheach

Innsidh mi dhut mar a bha.
Thuit mi air mo ghlùinean
agus rinn mi ùrnaigh
nuair a bha mi òg

The War of the Two Languages

I, an harassed child,
nursed by two.
I received cream from my mother,
from my nurse the skimmed.

My mouth is tired of that one's breast,
the servant! the slave!
who has seen much service,
selling her milk to the multitude –
no wonder her breast falls steeply.
Her sour milk chokes me
and leaves a bitter taste in my mouth.
It is good neither for cream nor butter.

And more,
it fights for supremacy
over the sweet stapag*
that is always in my heart.

* A delicacy made from cream and oatmeal and especially associated with Trotternish in Skye, a district known as Duthaich nan Stapag (the country of the stapag) in the past.

Epigram

Perhaps it was yourself,
Aphrodite, in the bank window,
watching the crowd so proudly.
Your breasts – two irrational eyes –
challenging your clothes:
our eyes touched, and you laughed.

To a Believer

I'll tell you how it was.
I fell on my knees
and prayed
when I was young

agus dòcha aineolach.
Cha tàinig freagairt
ged a chuimhnich mi Saul
agus an t-slighe gu Damascus.
Chaidh mi uair no dhà air an rathad.
Cha robh ann ach sgòthan –
mo reusan ga mo cheusadh,
agus fad' às chuala mi
tàirneanaich a' bhàis.
Cha robh dealanaich ann idir.

*   *   *

Dè tha Thu a' dèanamh air crann
a' fulang air mo shon-sa?
Tha truas na mo chridhe Dhut.
Ma tha an lagh ga mo dhìteadh,
nach e daoine a rinn e?
Ma tha mo chridhe ga mo bhuaireadh,
nach e facail a dhealbh e?
Dè' m feum a th'ann ìobairt
airson peacaidh nach eil ann?
Agus dè th'ann an ceartas
no an toillteanais peacaidh?
Ma 's e gràdh an aon lagh,
chan fhulaingeadh E fulangas.
Ma 's e reusan Dia,
chan eil feum aig' air fulangas.
Ma 's e faireachdainn Dia,
chan eil feum aig'air ceartas.
Nam biodh na trì sin na nàdur,
nach freagradh E m' ùrnaigh?
Cha robh ann ach an ciùrradh,
seo an fhìrinn – le dùrachd.

Caochladh

Tha an saoghal gam shealg
on dh'fhalbh Seonaidh,
on a chaidh e mach
na dheise bhuidhe ghiuthais

and perhaps innocent.
No answer came,
although I remembered Saul
and the road to Damascus.
I went once or twice on the road.
There was only cloud –
my reason crucifying me,
and far off the thunder of death.
There was no lightning at all.

*   *   *

What are You doing on a cross
suffering for me?
My heart pities You.
If the law accuses me
is it not man made?
If my heart torments me
is it not word made?
What use is sacrifice
for a non-existent sin?
And what is justice
or the deserts of sin?
If love is the one law,
He would not suffer suffering.
If God is reason,
He needs no suffering.
If God is emotion,
He doesn't need justice.
If these three were His nature
would He not answer my prayer?
There was only the pain.
This is the truth – yours truly.

Change

The world haunts me
since John is gone,
since he went out
in his yellow pine suit

's na putanan umha.
Theich iad leis
's a-nise tha iad ga mo shealg
a dh'oidhche 's a mhadainn.
Feumaidh mi na h-uinneagan a ghlasadh.
Tha mi gan cluinntinn a' bruidhinn,
gam iarraidh, ag iarraidh mo thoirt leotha
anns a' ghiuthas cuideachd.

Ach chan eil fios aca gu bheil ugh agam
a chuireas mi gu faiceallach air oir na h-uinneig.
Ma thig iad bidh fios agam,
oir tuitidh an t-ugh,
anns a' mhadainn chì mi e
buidhe, briste.

Tha mi ro sheòlta dhaibh.
Ho, ho! chan òl mise uisge na pìob.
A h-uile latha tha am ministear
a' tighinn le botal uisge.
glan, beannaichte.

Feumaidh neach a bhith faiceallach.
Chan eil cogais aca,
tha mi gam faicinn tron uinneig
a' faireachdainn nam bodhaigean òga...
ach dùinidh mi an doras,
cuiridh mi cudthrom air a chùlaibh.

Chaidh mi chun na h-uaigh an latha roimhe.
Sheas mi a' coimhead air an t-saoghal
a bheireadh orm fhathast –
iadsan nam falach air cùl nan craobhan, a' coimhead –
ghlasadh e suas mi,
bhiodh na corragan dubha timcheall orm,
a-staigh anns gach pòr dhiom,
gam fhaireachdainn, na diabhail.

with the brass buttons.
They fled with him,
and now they haunt me
night and morning.
I must lock the windows.
I hear them talking,
seeking me, wanting to take me
in the pine also.

They don't know I have an egg
which I will carefully place on the window-sill.
If they come I will know,
for the egg will fall.
In the morning I will see it,
yellow, smashed.

I am too cunning for them.
Ho, ho! I won't drink the piped water.
Every day the minister comes
with a bottle of water,
clean, blessed.

One must be careful.
They have no conscience.
I see them through the window
feeling the young bodies ...
but I will shut the door,
I will put a weight behind it.

I visited the grave the other day.
I stood looking at the world
that would catch me yet –
they were hiding behind the trees, watching.
It would lock me up,
the black fingers enmeshing,
in my every crevice,
feeling me, the devils.

'S bhiodh an taigh falamh,
ach na seann dealbhan
agus an dust na laighe air an àirneis
airson greis.

A-nochd

a-nochd
nad òran
a dh'fheumas mi sheinn
nad abhainn a' ruith
nad thuinn air sgeirean
nad thàirneanaich
nad theudan clàrsaich
nad cheòl na gaoithe
nad stoirm san fhàsach
nad òran
nam chridhe

tha thu
nam chridhe
lasganach binn
tro na clachan
cunnartach
am meadhan na h-oidhch'
fo mheòirean mìn
anns a' chraoibh
cianail lom
milis daor
a-nochd

Gràdh is Tuaileas

Na bodraig, a ghràidh, mun a' ghràisg ud
a chàineas tu airson do ghràdh dhomh.
Dè 'm fios a th'acasan mun àmhghar
a dh'fhulaingeas cridhe miann-chràidhte
a th'air a ruagadh às a chèile
le seadh is loinn na cruinne-cèatha?

Am faca iad riamh bodhaig àlainn
sìnte gun stiallaig air uachdar,
geal, foirfe anns an donn-luachair
gun spìoc gun mhoraltachd air àrainn
ach bòidhchead 's maise an co-iarrtas,
clach-iùil am faireachdainn 's an ciatachd.

And the house would be empty,
but for the old pictures
and the dust lying on the furniture
for a time.

Tonight

tonight
a song
that I must sing
a river running
waves on skerries
thunder
harpstrings
music of the wind
desert storm
a song
in my heart

you are
in my heart
sweet laughter
through the stones
dangerous
in the middle of the night
delicately fingered
in the tree
terrible barren
sweet dear
tonight

Love and Slander

Do not bother, love, about the rabble
dispraising you for love of me.
What do they know of the ache
and pain of the desire-tormented heart
driven apart
by the sense and beauty of the universe.

Have they ever seen a lovely body
lying without a stitch on it,
white, perfect in the dun rushes,
without meanness or morality near it,
but beauty and grace co-desiring,
guide for their feelings and comeliness.

Na bodraig mu chailleachan a' bhaile
iadach mud òige 's mud chàileachd
's nach d' fhuair iad fhèin miann an dàire
ma rinn iad riamh blàths a ghabhail.
Ach 's tusa mo chuilc bhrùit' ri gaillinn
a stiùireas corp is cridh' is anam.

An t-Eilean na Bhaile

Ann an dòigh 's e baile a th'ann am Muile,
ann am baile tha na treubhan measgte.
'S e baile th'ann le sluagh sgapte
mar a tha an saoghal a' fàs gu bhith na bhaile,
na seann luachan, treubh is cinneadh,
a' seargadh ann an saoghal gnìomhachais, teicniceach.

Chunnaic mi dà chloich na seasamh nan aonar –
chaidh lianag fhàgail dhaibh anns a' choille ghiuthais,
clachan 's dòcha a thogadh nuair a bha a' ghealach naomh,
iad nan seasamh mar dhà phrionnsa, no prionnsa 's a ghràdh,
nan clachan-cuimhne do shìol rìoghail.
Treubh a chaidh à bith.

Chunnaic mi clach eile – Dòmhnall Moireasdan, Ardtun,
ceithir fichead 's a còig deug, is inntinn geur mar sgithinn,
làn de sheanachas is bàrdachd a threubha,
colbh sgairteil de Chlann na h-Oidhche,
agus timcheall air am baile a' fàs –
baile nach tuig e – luachan do-ruigsinn dha chèile.

Tha am prionnsa na chloich anns a' choille,
agus treubh ùr air a thighinn.
Chan eil rìgh nam measg a dhearbhas a threòir.
Is tuath iad le cridheachan pàipeir;
pàtaranan faoine a' losgadh.

Cha dèan na mnathan gaoir tuilleadh, is an t-eilean na bhaile.

Do not bother about the old women of the village
full of jealousy for your youth and delectableness
their carnal desires unfulfilled,
if they were ever warm.
But you are my bruised reed in storm
who will guide body and heart and soul.

The Island a Town

In a sense Mull is a town,
in a town the tribes are mingled.
It is a town of dispersed people
as the world grows to be a town,
the old values, tribe and kin,
withering in an industrial technological world.

I saw two stones standing alone –
a lawn was left for them in the pine wood,
stones perhaps raised when the moon was holy,
standing like two princes, or a prince and his love,
memorial stones to a seed royal.
An extinct tribe.

I saw another stone – Donald Morrison, Ardtun,
ninety-five years of age, mind sharp as a knife,
full of the history and poetry of his tribe,
stalwart column of the Children of the Night,
and round him the town growing –
a town that does not understand him –
values that cannot be bridged.

The prince is a stone in the wood,
and a new tribe has arrived.
There isn't a king among them to prove his valour.
They are a peasantry of paper hearts;
empty patterns burning.

The women will lament no more. The island is a town.

An Clamhan

Muile nam monaidhean farsaing
agus nam bailtean gun daoine;
an clamhan air chaithris na rìoghachd
ag èisdeachd ri beul-aithris na gaoithe.

Bogsa nan Litrichean

Thàinig e air ais
as dèidh nam bliadhnaichean
chun an t-seann bhaile.
Stad e aig ceann an rathaid.
Bha bogsa nan litrichean
an sin fhathast –
meirg air gun teagamh
's air crùn na h-iompaireachd,
's e sgrìobht' air –
'An ath thogail Di-luain'.
Dh'fhosgail e an doras
ach bha a-staigh falamh
ach an salchar 's an snighe.
Thionndaidh e air a bhuinn.

B' fheàrr leis an aisling a ghleidheadh
slàn na bothan crom
air monadh lom
a bhith ga leòn.

Dha Leòdhasach sam bith

A-nise on a tha NATO a' tighinn,
ceannaich gunna!
Agus aon latha ma bhios tu sa mhòintich
's gu faic thu an iarmailt a' lasadh
le soillse neo-chneasda,
na coimhead gu Steòrnabhagh
ach tuit air do mhionach anns a' pholl-mhònach,

The Buzzard

Mull of the spacious moors
and the deserted townships;
the buzzard wakeful in his kingdom
listening to the oral tradition of the wind.

The Letterbox

He returned
after many years
to the old village.
He stopped at the road-end.
The letterbox
was still there –
rusted, yes,
and rust on the imperial crown,
and written on it –
'Next Collection Monday'.
He opened the door
but it was empty within
but for dirt and ooze.
He turned abruptly.

He would prefer to keep the dream
whole than to be wounded
by a sinking cottage
on a barren moor.

To any Lewisman

Now that NATO is coming,
buy a gun!
And if one day you are in the moor
and you see the sky flaming
with an unnatural light,
do not look to Stornoway
but fall on your stomach in the peat-bog,

a' còmhdach do shùilean agus do chraiceann.
Fuirich gu 'm bi an teas-thonn seachad
agus gu lasaich a' ghaoth.
Na cuir do shùil ris a' bhall-teine.
An uair sin ruith dhachaigh,
faigh an gunna às a' chùlaist
agus tòisich aig an leanabh as òige.
Ma thig nàbaidh air a leth-ròsdadh
ag iarraidh iasad, bi tròcaireach.
An uair sin marbh do bhean,
an crodh, an cù, an cat agus dad
dha bheil gràdh agad.
Ach cumhain peileir dhut fhèin.
Cha bhiodh tu ag iarraidh nithean fhaicinn
a dhèanadh do shùilean nan clach
agus an *Iolaire*
mar phicnic clann sgoil-Shàbainn.

An Ath-Bhreith

Tha an taigh sàmhach às d' aonais,
ach tha mi creidsinn
gu bheil thu an àiteigin
ag èigheach halleluia dha Celtic.
'S ma thig thu a-rithist
a-mach às an t-sìorraidheachd,
bidh do chraiceann geal agus uaine.
'S an saoghal dham bi thu
air d' ath-bhreith,
bidh leann gu leòr ann,
na h-aibhnichean air an dèanamh dheth,
's bidh thusa nad iasg
's dòcha
a' slugadh 's a' slugadh
's an còmhnaidh a' dol clì mu chreagan.

covering your eyes and skin.
Wait until the heatwave is past
and the wind decreases.
Do not look at the fireball.
Then run home,
fetch the gun from the closet
and start with the youngest child.
If a neighbour should come half-roasted
wanting a loan, be merciful.
Then kill your wife,
the cattle, the dog, the cat and anything
that you love.
But spare a bullet for yourself.
You wouldn't wish to see
what would make your eyes as stone
and the *Iolaire*
like a Sunday-school picnic.

Reincarnation

The house is silent without you,
but I believe
that you are somewhere
shouting halleluja for Celtic.
And if you come again
out of eternity
your skin will be white and green,
and in the world into which you are reborn
there will be plenty beer,
the rivers will be made of it,
and you will be a fish, perhaps,
swallowing and swallowing,
and always going left about the rocks.

Duilleagan

Cha do sgrìobh mi dàn o chionn bliadhna.
Nuair a ràc mi am measg an dùin ud
cha robh duilleag ann uaine –
iad cho seargte, buidhe is dearg.
'S anns an fhoghar ud
chuimhnich mi air d' fhalt
's do liopan a' losgadh
is chuimhnich mi air an teine...
agus smaoinich mi air an teine
a dhèanadh na duilleagan an dràsda.

Cha do sgrìobh mi dàn airson bliadhna.
Nuair a choimhead mi air an duilleig bhàin,
bha i mar fhàsach na sìneadh
no mar do bhodhaig àlainn fhèin
a-nise gun èifeachd.

'S an saoghal mun cuairt làn èiteag,
's mo bhalbhachd ag èigheach gu robh
am peann gun chomas.
Nuair a gheibh mi lasair,
no a thig earrach eile,
bidh an teine èibhinn.
Cho èibhinn ris an teine
a smàl sinn an-uiridh.

Dè 'm feum urram àrd?

Dè 'm feum urram àrd
fhaighinn o na dàintean àrbhuidh
a sgrìobhar air adhar tìm
ma bhitheas do chlì còmhdaicht'
leis a' ghlasaich ònraich iarainn
o nach do thill lèirsinn riamh?
Agus, a ghràidh, ged a sgrìobhainn thusa
sìos ann an sìorraidheachd dhàn
far am faiceadh iad d' ìomhaigh a' deàrrsadh

Leaves

I haven't written a poem for a year.
When I raked among that heap
there wasn't a green leaf –
they were so withered, yellow and red.
And in that autumn
I remembered your hair
and your lips burning
and I remembered the fire...
and I thought of the fire
the leaves would make now.

I haven't written a poem for a year.
When I looked at the white leaf,
it was like a desert stretching
or like your own beautiful body,
now without effect.

And the world around full of jewels
and my dumbness shouting that
the pen was useless.
When I flame
or another spring comes,
the fire will be splendid.
As splendid as the fire
we smoored last year.

What profit...

What profit high honour
from the orient poems
written on time's sky
if your effort is concealed
by the lonely iron grass
from which vision never returned?
And, my love, although I would indite
you in eternal poems
where they would see your image shine

's do bhòidhchead a' còmhnaidh
cho soilleir 's a tha i an dràsd'
na mo chridhe-sa neo-shàsaicht',
's ged a bhiodh iad san teachd-àm
a' leughadh do bheusan 's do chliù,
dè 'm feum a nì sin dhòmhs'
's gum bi mi o chionn fada rèidh
san àit' anns nach eil leòm no leòs.
Ach molaidh mi thu co-dhiù
ged nach leughadh duine na dàin,
bitheamaid bàs no buan –
ann an tìm cho faoin dè 'n diofar
fhad 's nach eil do chridhe cruaidh?

Ceòl

An cual' thu ceòl o bhrugh nan sìth
ag èaladh sìos on tòrr
air osaig fhann na gaoith,
ceòl ùr nach cuala duine
o thòisich an t-sìth a' seinn?
Feumar cluas ri claistneachd
mus tig thu air a bhrìgh.
Tha an seann cheòl a chualas
bho athraichean na cagailt
le cleachdadh air fàs sgìth.

Bhuainn agus Dhuinn

Thàinig iad is thug iad bhuainn
ar saorsa an toiseach,
an t-saorsa sabaid gus dìon.
Bha cùisean a' gluasad, a' dol am feabhas,
cànan na b' fheàrr agus dòighean ùra air marbhadh,

and your beauty live
as brightly as I see it now
in my insatiate heart,
and although in the future
they read of your virtues and fame,
what good will that do me,
having been long interred
where there is neither pride nor light.
But I will praise you anyway
although no-one would read the poems,
whether we live or die –
what matters in such a futile time
but that your heart's not hard?

Music

Have you heard music from the fairy knoll
stealing down from the hillock
on the faint breeze,
a new music unheard
since the fairies first started singing?
You must listen intently
to understand its meaning.
The old music made by the ancient fathers
has with use grown stale.

From us and for us

They came and deprived us
of our freedom first,
the freedom to fight to protect.
Things were moving, improving,
better cannon and new ways of killing,

na fir-bhaile air am fuadach
agus na cinn-fheadhna le gaol an òir.
Ach mhair na beanntan
agus bha na fèidh fhathast air Creag Uanach.

Thàinig iad is thug iad bhuainn
comas tighinn beò air an tìr,
am fearann a b' fheàrr airson chreagan is riasg.
Ach fhathast chum sinn an ceangal eadarainn 's an talamh,
sinn beò air èiginn air sguab is dlòth,
bainne na bà agus, nuair a dh'fheumte,
breac às an allt.

Thàinig iad is thug iad dhuinn
foghlam ùr is innealan ùra.
Cha robh feum tuilleadh air craitean,
air crodh no air sìol
a chur anns an talamh.
Ach mhair na beanntan.

Thug iad bhuainn an seann eòlas,
na sgeòil air an t-seann dòigh,
ar dualchas, agus nan àite chuir iad
òrain ùra bha dèanamh a' chridhe às ùr.

Thug iad dhuinn càraichean, supermarkets,
ìnnleachdan gun chrìch, bùird leasachaidh,
ionadan àrach èisg, ionadan àrach maoraich,
tuathanachas fhiadh, cumhachd niùclasach,
solas an dealain, uisge sa ghoc,
luchd-turais agus luchd-fuirich,
luchd-fuirich agus luchd-tathaich.
Thàinig iad is thug iad dhuinn.
Ach mairidh na beanntan.

Thug iad dhuinn airgead,
uile ghoireasan a' bhaile,
peacadh agus gràs,
sgudal agus uisgeachan truaillte.
Rathaidean mòra farsaing tro na glinn.

the tacksmen exiled
and the chiefs with the love of gold.
But the mountains remained
and the deer were still on Creag Uanach.

They came and deprived us
of the means to live off the land,
the best plots for rock and turf.
But we still kept the bond between us and the earth,
making scant living on sheaf and gleaning,
the milk of the kine and when necessary
a trout from the stream.

They came and they gave us
a new education and new machines.
No need any more for crofts,
for cattle or for the planting of seed in the earth.
But the mountains remained.

They deprived us of the ancient knowledge,
the tales of the old ways,
our heritage, and in their place they put
new songs to make a new heart.

They gave us cars, supermarkets,
inventions without end, development boards,
fish farms, shell fish farms,
deer farms, nuclear power,
electric light, water on tap,
people who tour and people who stay,
people who stay and people who visit.
They came and they gave us.
But the mountains will remain.

They gave us money,
all the city's mod cons,
sin and grace,
waste, and polluted water.
Great wide roads through the glens.

Fhuair iad na bha iad a' lorg –
nàdur fo cheannsail agus cumhachd
beatha is bàis.
Corrag air a' phutan.
Mar dhia.
Nach eil e mìorbhaileach cho math 's a rinn sibh?
Ach mairidh na beanntan.

They found what they were seeking –
nature conquered and the power of life and death.
A finger on the button.
Like a god.
Isn't it marvellous how well you have done?
But the mountains will remain.

Anne Frater

Rugadh agus thogadh mi ann am baile Phabail Uaraich anns an Rubha an Eilean Leòdhais. Fhuair mi m' fhoghlam ann an sgoil Phabail, agus an dèidh sin ann an Ard-sgoil MhicNeacail ann an Steòrnabhagh. 'S ann nuair a bha mi anns a' bhliadhna mu dheireadh anns an àrd-sgoil a thòisich mi sgrìobhadh bàrdachd Ghàidhlig, ged a bha mi air rabhd no dhà a chur ri chèile ann am Beurla roimhe sin.

Ann an 1985, thòisich mi nam oileanach ann an Oilthigh Ghlaschu, a' dèanamh Gàidhlig agus Fraingeis. 'S ann an dèidh dhomh tòiseachadh anns an oilthigh a sgrìobh mi a' chuid bu mhotha dem bhàrdachd, le cuideachadh agus ceartachadh bho Ruaraidh MacThòmais (oir tha mi uabhasach math air mearachdan!)

Bithidh mi a' sgrìobhadh mu dheidhinn rudan a tha cud-thromach dhomh fhìn, gu h-àraidh mu dheidhinn na Gàidhlig agus na h-Alba air fad. Tha mo bheachdan poilitigeach a' noch-dadh ann an dàn no dhà, agus tha an ceangal a th'agam rim eilean, agus rim bhaile fhìn, a' toirt orm peann a chur ri pàipear gu math tric. Sgrìobh mi dhà no thrì phìosan bàrdachd mu dheidhinn gaol, no dìth gaoil (nach mis' an truaghag!) Ach chan ann mum dheidhinn fhìn a bhios mi a' sgrìobhadh a h-uile uair – tha mo mhacmeanmhain a' gabhail pàirt anns an obair cuideachd.

Carson a tha mi sgrìobhadh bàrdachd? Chan eil fios agam gu cinnteach, ach tha fios agam nach b' urrainn dhomh stad aon uair 's gun do thòisich mi. 'S e rud a th'ann a tha annam agus a dh'fheumas mi a leigeil a-mach – ged a theireadh feadhainn gum bu chòir dhomh a chumail agam fhìn!

Anne Frater was born in Stornoway in 1967 and brought up in Upper Bayble, Point, Lewis. She attended Bayble School and the Nicolson Institute, and graduated from Glasgow University in 1990. She began writing Gaelic poetry in her sixth year at school, was helped and encouraged by Professor Derick Thomson, and published her first poems in *Gairm*. Her work is mainly concerned with the future of Gaelic and of Scotland, as well as with the ties binding her to Lewis and Bayble. Her personal politics and other themes put in an appearance from time to time.

Grian

Sheall iad dhomh a' ghrian an-diugh
thug iad a-mach às a' phreas i
agus chuir iad air ais
anns an adhar i.

Chan fhaca mi ceart an toiseach i.
Cha robh i airson a h-aodann a shealltainn
agus chaidh i air falach
air cùl cùrtair thiugh
de sgòthan.

Ach dh'fhàs na sgòthan sgìth dhith
agus dh'fhàs iad na bu thaine
gus an do dh'fhalbh iad mu dheireadh
nan ruith
mus beireadh a' ghaoth orra.

Agus an uair sin chunnaic mi i –
bàla buidhe, cruinn air truinnsear gorm –
agus thàinig fiamh a' ghàire gu slaodach
air m' aodann
mar am blàths air mo dhruim.

Dà rathad

Carson a bu chòir dhomh gabhail
na slighe ceart, lom, fada?
Ged a tha an rathad air a bheil mi cam
agus tha na clachan a' gearradh mo chasan,
agus tha dìreadh an leòthaid
gam fhàgail gun anail,
chan e an aon rud
a tha mise coimhead romham
latha an dèidh latha.
Agus shuas air an leathad
chì mi timcheall orm,
chì mi gu bheil barrachd ann dhòmhs'

Sun

They showed me the sun today
they took it out of the cupboard
and they put it back
in the sky.

I didn't see it clearly at first
it didn't want to show its face
and it hid
behind a thick curtain
of clouds.

But the clouds grew tired of it
and they thinned out
until they eventually went
running away
before the wind caught them.

And then I saw it –
a yellow ball, round on a blue dish –
and a smile slowly spread
on my face
like the warmth on my back.

Two Roads

Why should I follow
the long, smooth, straight road?
Although the road I take is crooked
and the stones cut my feet
and climbing the hill
leaves me breathless
I am not confronted
by the same prospect
day after day.
And up on the hill
I can see around me,
I can see that there is more in store for me

na slighe cheart, fhada, lom.
Tha thusa cumail do shùilean air an aon rud
ceart, dìreach air do bheulaibh –
agus chan fhaic thu gu bheil an saoghal
ag atharrachadh timcheall ort.

Geamhradh

Tha sneachda nis
far an deach mi nam theine
agus reothadh
air an àit' anns an do leagh mi.
Tha sealladh mo leannain
a' tuiteam air clach.
Cha thuit mise tuilleadh.
Tha cànan mo ghaoil
a chaoidh na tosd.
Tha 'n geamhradh air tilleadh.

Ar Cànan 's ar Clò

Bha bodach na mo bhaile
aig an robh beairt,
agus leis a' bheairt
dhèanadh e clò,
agus chaidh aodach
a dhèanamh den chlò,
agus bhiodh na daoine
a' cur orra 'n aodaich –
aodach tiugh trom a chumadh blàth iad.
Ach thàinig fear eile,
fear na b'òige,
fear nach buineadh don bhaile,
agus bha beairt ùr aige
agus snàth ùr –
dathan air an goid bhon bhogha-froise –
agus aodach tana, lom,
agus àlainn, ann am beachd nan daoine.

than a straight, long, smooth road.
You keep your eyes fixed on one point
right in front of you –
and you cannot see
that the world is changing around you.

Winter

There is snow now
where I was aflame
and frost
in the place where I melted.
The look of my love
falls on stone:
I will not fall again.
The language of my love
is silenced forever.
Winter has returned.

Our Tongue and Our Tweed

There was an old man in my village
who had a loom,
and with his loom
he would make tweed,
and clothes were made
from the tweed,
and the people
would wear the clothes –
thick, heavy clothes that would keep them warm.
But another man came,
a younger man,
one who was not a native of the village,
and he had a new loom
and new yarn –
colours stolen from the rainbow –
and thin, smooth cloth
which the people found beautiful.

Chum am bodach air
leis an t-seann bheairt
ach bha na daoine òg
a' fanaid air,
agus cheannaich iad uile
na beairtean ùra,
agus thòisich iad a' dèanamh
nan clòitean ùra,
agus cha robh dragh aca
mu dheidhinn a' chlò
air beairt a' bhodaich.
Ach, an dèidh ùine
thàinig an geamhradh
agus cha chumadh an t-aodach lom
le na snàithtean brèagha
agus na dathan soilleir
a-mach am fuachd,
agus cha robh feum
anns na beairtean ùra.
Lorg iad am bodach
agus chunnaic iad a' bheairt,
agus chunnaic iad an clò,
ach cha b'urrainn dhaibh
a' bheairt obrachadh,
oir bha i air fàs meirgeach
agus bha am bodach marbh.

Smuain

'Alba saor no na fàsach.'
Saorsa no gainmheach
canaidh iad ruinn an aon rud:
'Gheibh sibh sin...
ach cumaidh sinne an ola.'

The old man carried on
with the old loom
but the young folk
laughed at him,
and they all bought
the new looms,
and they began to make
the new cloth,
and they did not care
for the tweed
on the old man's loom.
But, after a while,
winter came
and the smooth cloth
with the lovely threads
and the bright colours
could not keep out the cold,
and the new looms
were useless.
They sought the old man
and they saw his loom,
and they saw the tweed,
and they were unable
to work the loom
because it had rusted
and the old man was dead.

A Thought

'Scotland free or a desert'.
Freedom or sand
they'll say the same thing to us:
'You can have that...
but we'll keep the oil.'

An Adharc

A chaora bheag cheann-dubh
sùil chaomh gun tuigsinn
gun chumhachd, ach a' faireachdainn
an deamhais air do chlòimh
is am fuachd a thig
le gluasad cruaidh.

Chuir iad chun an rùd' thu –
rùd' mòr maol bàn –
an aon rud
an aon rùd'
bliadhn' an dèidh bliadhn'
agus uain ga leantainn nan tìd' –
uain le aodainn bhreac –
cha mhòr nach robh iad leat
airson ùine ghoirid co-dhiù.

'S an uair sin rinn iad mult
de gach uan treun, làidir, fireann –
dèanamh feòil ded fheòil –
agus na h-uain bhoireann
air an cleachdadh mar thu fhèin
air am biathadh airson beòthachadh
an ginealaich fhèin don ìobairt.

Agus thagh iad an t-uan fireann
bu laige a bh'agad
agus dh'fhàg iad esan slàn
gu bhith na rùd'
's fios nach cuireadh e
dragh air na caoraich
's nach deigheadh e a shabaid
ris an rùd' bàn a b'àill leò.

The Horn

Little black-faced sheep,
gentle uncomprehending eye,
powerless, but feeling
the shears on your wool
and the cold that comes
with the movement of steel.

They sent you to the ram –
a big Cheviot ram –
the same thing
the same ram
year after year,
and lambs following in their season –
speckle-faced lambs –
they were almost yours,
at least for a short while.

And then they made wethers
of every strong, sturdy male lamb –
making meat of your flesh –
and the female lambs
used like you were
fed to bring forth
their own descendants for the slaughter.

And they chose the weakest
male lamb that you had,
and they left him whole
to become a ram,
knowing that he would not
bother the sheep
and that he would not fight
with the white ram they favoured.

Ach, cha do chuimhnich iad
gu robh fuil a' chinn-duibh ann
nach do chaill a neart tron tanachadh
agus cha do mhothaich iad
an dà chnap air a cheann
a dhèanadh adharcan fhathast.

Bàs na h-Eala

Thog thu ar dòchas air sgiathan eala,
gheall thu dhuinn uile làithean geala –
agus a-nis tron cheathach
tha thu a' seasamh mar thaibhs'
fliuch falamh san uisge
mar chailleach aosda a thug beatha
do iomadh duine na tìde.
Ach a-nis tha do bhroinn falamh
tha do chlann air d' fhàgail
agus tha do làithean cruthachaidh seachad.

Lit' gun Shalainn

Sgian dubh na stocainn
agus Beurla na bheul;
moladh lit' sa mhadainn
's e cur muesli na bhòbhl;
'Chan fhaighear nas fheàrr na 'n t-uisge-beatha.'
Ach 's e Martini bhios e 'g òl...
Nach ann truagh a tha 'n cluaran
le boladh an ròis!

9mh den t-Samhainn 1989

Danns' air a' bhalla...
Casan saor a' cluich puirt
air clachan cruaidh,
's a' uèir-ghathach air a lomadh

But they forgot
that he had black-face blood in him
which the thinning had not weakened,
and they didn't notice
the two bumps on his head
that would yet become horns.

The Death of the Swan

You raised our hopes on the wings of a swan
you promised us all brighter days –
and now, through the mist
you stand like a wraith,
wet and empty in the rain
like an old woman who in her time
gave life to many;
but now your womb is empty,
your children have left you
and your fertile days have gone.

Unsalted Porridge

A *sgian dubh* in his stocking
and English on his tongue;
praising porridge in the morning
as he puts muesli in his bowl;
'You can't get better than whisky.'
But it's Martini that he drinks...
Isn't the thistle pitiful
when it smells of the rose!

9th November 1989

Dancing on the wall...
Feet freely playing tunes
on hard stones,
the barbed wire made smooth

le bualadh nam bas...
No man's land
loma-làn le daoine
's iad a' dol seachad air Teàrlach –
chan ann gun fhiost
ach gun sgrùdadh –
agus na càirdean a' feitheamh
le gàire nan gàirdean...
agus gàir' aig na gàrdan
's gun fheum ac' air gunna
airson bacadh a thogail
agus blocan a leagail...
Cailleach a' tighinn
gu geata Bhrandenburg,
nach eil fhathast air fhosgladh
cho farsaing ri càch,
saighdear òg a' dol thuice
's i a' seasamh, gu daingeann
's a' coimhead a slighe
mar cheumannan ceadachaidh
na chlàr fo a casan,
ga slaodadh,
ga tarraing,
's i gluasad a-rithist,
's a' coimhead an òigeir,
's a' toirt dùbhlan dha
a tilleadh air ais.
Làmh air a gualainn,
greim air a h-uilinn,
's i gun chothrom
a dhol an aghaidh a' churaidh
bha ga stiùireadh dìreach
gu Brandenburg,
gu teampall a saorsa...

A-raoir
gun imcheist
bhiodh e air peilear a chur innt'.

by the beating of hands...
No man's land
brimming over with people
as they pass Charlie –
not furtively
but without scrutiny –
and their friends wait
with a smile in their arms...
and the guards laugh,
as they need no guns
to lift barriers
and knock down bricks...
An old woman comes
to the Brandenburg Gate,
which is not yet open
as wide as the rest,
a young soldier goes to her
and she stands firm
looking at her path
laid out at her feet
like steps of permission,
pulling her,
drawing her,
and she moves again,
and she watches the youth
daring him
to turn her back.
A hand on her shoulder,
a grip on her elbow,
and she is powerless
to resist the brave
who leads her straight
to Brandenburg,
to her temple of freedom...

Last night
without hesitation
he would have shot her.

Leasachadh

Is mis' a' chraobh a dh'èirich suas
air sliabh glas na beinne.
Uaine òg mo dhuilleag
air a biathadh le bùrn
fuar glan frasach an uillt,
agus gaoth a' ghlinn
aon latha gam phògadh
's an uair sin gam bhrùthadh,
gam dhèanamh làidir agus subailte.
Bòidhchead mo dhream
a' lasadh fon ghrèin.

Ach thèid craobh a leagail
mar a chaidh mis',
le cruaidh gheur ghort,
nuair a rinn mi dealachadh
bho choille m' àraich.
Agus, airson mo dhèanamh nas fhèarr,
gheàrr iad gach freumh, gach geug,
gach duilleag a dh'fhosgail
ann an gaoth ghlan mo ghlinn.
Chaidh m' fhàgail rùisgte
air beulaibh an t-sàibh.

Chaidh mo ghearradh gus an robh mi grinn,
chaidh mo sgùradh gus an robh mi mìn,
chaidh mo locradh gus an robh mi lom –
agus chuir iad dhachaigh mi.

Ach, chan urrainn dhomh crùbadh
nuair a bhrùthas a' ghaoth.
Chan fhosgail duilleag
nuair a dh'èireas a' ghrian.
Cha sheinn uiseag tuilleadh
sàbhailt nam gheug.
Dh'fhàg tarraigean an leasachaidh
mi rag ris a' ghaoith.

Improvement

I am the tree which grew up
on the green mountainside.
The young green of my leaves
nourished by the stream's
cold clean rushing water,
and the wind in the glen
kissing me one day
and pushing me the next,
making me supple and strong.
The beauty of my form
shining in the sun.

But a tree is felled
as I was,
with sharp painful steel,
when I was parted
from the glen of my youth.
And, in order to make me better,
every root, every branch was cut,
every leaf which unfurled
in the fresh wind of my glen.
I was left naked
before the saw.

I was cut until I was neat,
I was polished until I was smooth,
I was planed until I was flat,
and I was sent home.

But I cannot bend
when the wind blows.
No leaf unfurls
at sunrise.
No bird will sing again
safe in my branches.
The nails of improvement have left me
stiff in the wind.

Loch an t-Sìthein

Tha na sìthean an seo.
Chan ann anns na cnuic
ach am measg fraoch na mòintich
agus fàileadh fhàdan
a' cruinneachadh teas
bho thiormachd na grèine.

Tha na sìthean an seo.
Chan ann anns an loch
ach anns na sgòthan
tha sgapadh an sgàilean
air a sgàthan,
agus anns na h-eòin
a tha gluasad tron airgead
ghluasach, dheàlrach.

Tha na sìthean an seo,
dèanamh dannsa nam inntinn
's gam tharraing, gam tharraing
le buisneachd bòidhchid
agus feallsanachd fhlùran
agus bòidean nach fhaca mi fhathast
an comas gu lèir,
ged a dh'fhairich mi teannachd
an t-snàithlein òir
a tha gam cheangal riutha
's nach gabh a ghearradh.

Aig an Fhaing

Nam sheasamh thall aig geat a' phrèiridh,
feur glan fom bhòtannan,
làmhan fuar nam phòcaidean,
fàileadh an dup
gu fann
gu neo-chinnteach
a' nochdadh mu mo chuinnlean

Loch an t-Sìthein

The fairies are here.
Not in the hills
but amongst the moorland heather
and the smell of peats
gathering heat
from the dryness of the sun.

The fairies are here.
Not in the loch
but in the clouds
which cast their shadows
on the mirror,
and in the birds
moving through
the rippling, glistening silver.

The fairies are here,
dancing in my mind
and pulling me, pulling me
with the enchantment of beauty
and the enticement of flowers
and promises that I have yet to see
their full power,
although I have felt the tightness
of the golden thread
that ties me to them
and cannot be broken.

At the Fank

Standing over by the prairie gate
with clean grass under my wellies,
cold hands in my pockets,
the smell of the sheep dip
faintly
hesitantly
coming to my nostrils

's mi a' coimhead càch cruinn
lachanaich le chèile
timcheall air an fhaing:
a' brùthadh nan caorach,
guthan àrd ag èigheachd
's a' gearain, 's a' gàireachdainn
's gach druim thugams'
gam ghlasadh a-mach.

Mi seasamh, 's a' coimhead
's a' feitheamh airson facal
mo ghluasad gu feum.

Mi siubhal gu slaodach
a' cruinneachadh nan uan
's gan ruagadh romham
a-steach gu càch;
uain a' ruith
gu meulaich màth'r.
Boinneagan uisge
mar mhillean mialan
a' leum às an dup,
agus crathadh cinn nan adharcan
fliuch, fuar, feagalach
a' dèanamh às.

Ceum no dhà eile
's chì mi aodannan nan gàir'.
Mo làmhan fhìn a' breith air clòimh,
fàileadh an dup air mo chorragan,
peant a' comharradh mo chasan,
poll dubh bog air mo bhòtannan
's mo chànan fhìn nam bheul.

as I watch the others gathered
around the fank
and laughing with each other:
pushing the sheep,
loud voices shouting
and moaning, and laughing
and all with their backs to me
shutting me out.

I stand, and watch
and wait for a word
to move me to usefulness.

Moving slowly
gathering the lambs
and driving them before me
in towards the others;
lambs running
to a mother's bleat.
Drops of water
jump from the sheep dip
like millions of fleas
and the horns' head-shaking,
wet, cold, fearful
running off.

Another step or two
and I can see the laughing faces.
My own hands holding wool,
the smell of sheep dip on my fingers.
Paint marking my legs,
soft black mud on my wellies
and my own language on my tongue.

Fearghas MacFhionnlaigh

Rugadh mi sa Mhagh Leamhanach ann an Siorrachd Dhùn Brea-
tann. Bha mi seachd bliadhna ann an Canada nuair a bha mi nam
bhalach. Chaidh mi gu Colaisde Ealain Dhùn Dèagh, agus tha mi
a-nis a' teagasg ann an Inbhir Nis.

A dh'aindeoin mo threanaidh ann an dealbhan, 's ann an
còmhnaidh chun na bàrdachd a bhios mi a' tionndadh nuair a tha
mi airson beachdachadh air cuspair. Tha e cudthromach dhomh
gun tèid mo thuigsinn, agus às bith dè cho cumhachdach 's a
bhios dealbh, 's e rud balbh, dubhfhaclach a bhios ann air a'
cheann thall. A bharrachd air sin cha bhi ann mar as trice ach aon
lethbhreac dhen obair.

'S e Crìosdaidh agus Cailbhineach a th'annam, 's mi a' creid-
sinn gun gabh a' bheatha agus an domhan a thuigsinn gu fìrin-
neach, ged nach bi làn-thuigse againn a-chaoidh, a chionn 's nach
e feallsanachd eas-chruthach a th'anns an Fhìrinn ach Pearsa
neo-chrìochnach. Tha mi dhen bheachd gur e tunail solais san
dorchadas a th'anns gach uile chànan no seòl air leth, an dà chuid
a chum an fhìrinn a lorg agus mar rathad èalaidh dhan inntinn.

'S ann aig na h-Albannaich a tha stiùbhartachd air a' Ghàidh-
lig, às leth a' chinne-daonna. 'S e lasadair a th'innt' a las sinn
fhìn san oidhche. Ma thèid an lasair às, bithidh call ann nach dèan
a' Bheurla no cànan sam bith eile an àird.

Fearghas MacFhionnlaigh was born in Scotland in 1948 and lived in Canada between the ages of three and ten before returning home to the Vale of Leven in Dumbartonshire. He studied at the Duncan of Jordanstone College of Art in Dundee and now teaches in Inverness, where he lives with his wife and two children, Ciaran and Cara. His awakening to Scottish culture began in his teens, and he chose Gaelic as the medium for his writing as a way of consciously allying himself with one linguistic-literary continuum and emancipating himself from another. His poems have appeared in *Gairm, Chapman, Cencrastus, Akros, Innti, International Poetry Review* and *Poetry Ireland Review*. The long poem *A' Mheanbhchuileag* was published by Gairm in 1980, and an English translation appeared as 'The Midge' in *Cencrastus* 10 in 1982. He has also written a novel for children, *Cò ghoid am Bogha-froise?* (Who Stole the Rainbow? (1978))

Airson Màiri

gu ciùin
thàinig gràdh
far an robh sinn

agus bha
e milis
gu ar blas

Eun Neònach

siet-phlèan a' sàthadh
sgòthan an adhair
mar shnàthaid mhòir
tro chlò

is air a cùlaibh
snàthainn ceò

siet-phlèan a' srònadh
thonnan an adhair
mar iasg mòr
lann-fhionn

is air a cùlaibh
srann nan cuan

smeòrach a dhìochuimhnich
cnuimhe le clisgeadh
thun na leithid –

eun le duine
na eanchainn

For Mary

softly
love came
to us

and it
was sweet
to our taste

Strange Bird

jet-plane thrusting
through the cumulus
like a colossal needle
through cloth

and behind
a wreathèd thread

jet-plane nosing
through the air-waves
like an immense fish
scale-gleaming

and behind
sea-screaming

thrush with
worm abandoned at
such an apparition –

a bird with a man
in its brain

An Fhaoileag

ablach Icaruis thu
nad laighe sa chlais
am measg d' aislingean smuaiste

mar phlèana-cogaidh
sract' às na speuran
le srapnal na beatha

am fliodh a-nis mar
uèir-biorach a'
ribleachadh do chuim

buidhe do shùla sgraingeil
le a cuairteag dhearg mar
shuaicheantas-catha ort

sgreadan dùbhlanach
a' spreadhadh nad sgòrnan
mar pheilearan ann an teine

's do ghob mar bheugaileid
a' cruaidh-sgobadh nan làmh
a thogadh thu

ach a thruaghain
's ann mar uan a ghabhas tu
snàthad na suaine

Laoidh Nach Eil do Lenin

cailèideascop-Dhia
beò-dhathan dian-loisgeach

uile-ghlòrmhorachd
na chaoir-bhuidealaich

The Seagull

a mangled Icarus
you lie in the ditch
among your splintered dreams

like a war-plane
torn from the skies
by life's shrapnel

the chick-weed now
like barbed-wire
entangling your body

the yellow of your scowling eye
with its red circlet
like your military insignia

cries of defiance
exploding from your throat
like bullets from a fire

and your beak a propeller
warding off the hands
that would lift you

but pathetic creature
it's like a lamb you accept
the needle of sleep

A Hymn Which is Not to Lenin

kaleidoscope-God
conflagration of living colours

all-gloriousness
ablaze

solas dreòsach neo-bhàsmhor
a' spreadhadh tro phriosm nan dùl

bogha-froise drìlseach na shìneadh
o bhithbhuantachd gu bithbhuantachd

sàr-iomlanachd sheachdfhillte
sìorraidheachd shruthshoillseach

rinneadh na h-uile dhathan leat agus às
d' eugmhais cha d' rinneadh aon dath a rinneadh

leatsa dathan a' chosmais

na solais-bhliadhnaichean air fad mar
phlathadh-seòid do lùdaig-fhàinne

leatsa dathan na talmhainn

Niagara a' tàirneanach san oidhche
is tuil-sholais oirre

drùchdan drìthleannach sa mhadainn
a' crithinn air lìon damhain-allaidh

leatsa dathan an danns
fir-chlis is stròb-sholas

leatsa dathan a' ghaoil
coinfèataidh air sìoda geal

leatsa dathan na gàire
cleasan-teine is sùilean cloinne

leatsa speictream na beatha
leatsa a-mhàin

's leinne an dubhaigeann
ma dhùnas Tu do rosgan

incandescent immortal light
exploding through the elemental prism

effulgent rainbow spanning
from everlasting to everlasting

sevenfold absolute perfection
fluorescent infinitude

all colours were made by you
and without you was no colour made that was made

yours the colours of the cosmos

the sum-total of all light-years but
a jewel-gleam of your pinkie-ring

yours the colours of the earth

floodlit Niagara
thundering in the night

iridescent morning dewdrop
trembling on a web

yours the colours of dance
aurora borealis and strobe

yours the colours of love
confetti on white silk

yours the colours of laughter
fireworks and childrens' eyes

yours the spectrum of life
only yours

and ours the abyss
should Your eyelids close

Marbhrann

bhrùchd thu air an talamh mar bholcàno
– Krakatoa poilitigeach

chuir thu air chrith leth an t-saoghail le do dhèineas
a' leigeadh dheachdairean fad chomhair mar chuilbh Phompeii;
sgeith thu ar-a-mach thairis air Eòrpa mar shruthan dòthach
    làbha
a' sgaoileadh dùil na saorsa mar thoth gharg a' phronnaisg

ach chuir do mhòrchumhachd fon daorach thu
's mhùchadh thu le dìobhairt do ghlòirmhiann fèin;
ghradchruadhaich do chridhe caoirleaghte
's chaochladh làbha d' ar-a-mach na chlach fhuar

gidheadh shnàig thu fhathast air adhart mar èighshruth dhubh
a mhion-phronnadh chnàmhan nan cinneach;
's an sàs nad bhroinn mar mhamot àrsaidh
chìthear corp rag-reòthte Stàilinn

's anaman nan nàisean teann-ghrèimichte
na fhiaclan mar chearbanan-feòir;
's luaithre d' shàrbheachdan a' sìor-thuiteam air
d' ìompaireachd shàmhach mar shneachd air cladh

bhrùchd thu air an talamh mar bholcàno
– ach thug thu 'm bith linn-eighe

Tuiteam Icaruis 1

Icarus sgitsifrìneach
sgiathan dubhdhòthte le amharas
a' sgreuchail tro neòil èitigh na h-aigne
gu ruige lumadheirg dhomhainn nam breug

ondhreag mheitifisigeach
caoirgheal le cràdhshuathadh na bith
a' dianthuirling tro strataispeur na h-inntinn
gun chinnt ach do bhuidealaich fhèin

Epitaph

you burst on the earth like a volcano
– a political Krakatoa

you shook half the world with your ferocity,
toppling dictators before you like the pillars of Pompeii;
you spewed revolt across Europe like scorching lava,
diffusing the hope of freedom like the acrid scent of sulphur

but your immense power intoxicated you
and you choked on the vomit of your own vanity;
your molten heart solidified
and the lava of your revolution set like stone

yet on you crept like a black glacier,
grinding the bones of the peoples;
and encapsulated within you like an ancient mammoth
could be discerned the stiff-frozen corpse of Stalin

and the souls of the nations tight-clenched
in his teeth like buttercups;
and the ashes of your ideals falling continually
on your silent empire like snow on a cemetery

you burst on the earth like a volcano
– but you started an ice-age

Fall of Icarus 1

schizophrenic Icarus
wings black-scorched with doubt
screaming through storm-clouds of the psyche
into the ocean depths of delusion

metaphysical meteor
white-hot with the fierce friction of existence
plummeting through the stratosphere of the mind
sure of nothing but your own immolation

fèinigs spioradail
ag èirigh à luaithre na h-inntleachd
a' sigheadh mar leòmann cama-casi
a dh'ionnsaigh lasair neo-bhàsmhoir Dhè

Tuiteam Icaruis 2

chan eil mi cinnteach idir cò às a thàinig mi

thuit mi, ar leam, à brù cosmach a choreigin
air m' fhàgail mar leanabh sgreuchail
air stairsneach fhuar ur saoghail

's e a' cheud rud as cuimhne leam
mo dhùsgadh ann an dorchadas sìorraidh
a' seòladh gun chudthrom ann an iunaibhears dubh
(no iunaibhears dubh a' seòladh nam bhroinn)

an toiseach rinn mi mo dhìcheall Dia a chluich
na nèamhan agus an talamh a chruthachadh
à neonitheachd m' inntinn
ach cha robh creideamh gu leòr agam
agus thuit gach uile nì o chèile
gam fhàgail às ùr gun chruth is falamh

's dòcha nach robh annam dha-rìribh
ach speursheòladair le aimnèise
a' tuiteam tro tholl dubh
is bloighdean loisgeach mo speurshoithich
a' rothachadh mu mo thimcheall

a' tuiteam mar phinball
am measg bhacaidhean boillsgeach

a' tuiteam mar chlach
ann an glumag gun ghrinneal
am measg fhaochagan drìlseach

spiritual phoenix
rising from the ashes of the intellect
thrusting like a kamikaze moth
into the immortal flame of God

Fall of Icarus 2

I am not at all sure where I came from

I fell, I think, from some cosmic womb or other
abandoned like some wailing infant
on the cold threshold of your world

the first thing I remember
is my wakening in an eternal darkness
floating weightless in a black universe
(or a black universe floating in me)

at first I did my best to to play God
to create the heavens and the earth
from the nothingness of my mind
but I did not have enough faith
and it all fell apart
leaving me again without form and void

maybe all I am in reality is
an astronaut with amnesia
falling through a black hole
and the flaming debris of my starship
spinning around me

falling like a pinball
among flashing obstacles

falling like a stone
into a bottomless pool
among phosphorescent swirls

a' tuiteam mar bhataspeur à smachd
ann an dubhaigeann sàil
am measg iasg sgreamhail sionn

(thàinig trom-laighean orm san oidhche)

a' tuiteam tro ghrigleachan
mar sgaothan de shradagan

a' tuiteam tro ghalagsaidhean
mar sgannan de lampragan

a' tuiteam tro ghrianan gun chrìoch
gun dòchas sam bith de chamhanaich

thàinig trom-laighean orm san oidhche

reulchriosan an riochd bhiastan
an t-Soidiac a' toirt sic orm

rionnagan nach maireann
air dol bàs o chionn linntean
a' leigeil orra gu bheil iad beò

solais nas miosa na 'n dorchadas
tannasgan na h-oidhche sìorraidh
sionnachain na sùil-chrithich cosmaich

a' tuiteam tro chruinne-cè de bhreugan
a' sgreuchail airson chinn-prìne den fhìrinn

a' tuiteam tro
eacsaispeur
ionaispeur
strataispeur
ur mheanbhphlanaid

ga lèirsinn gu h-obann
mar adamh
air sgoltadh le cas Dhè

falling like a breakaway bathysphere
into a briny abyss
amongst bug-eyed bioluminescent fish

(nightmares assaulted me in the night)

falling through constellations
like crackles of sparks

falling through galaxies
like flurries of fireflies

falling through endless suns
with not the slightest hope of dawn

nightmares assaulted me in the night

biomorphic starclusters
zodiac attack

pseudo-stars
dead for millennia
feigning life

lights worse than darkness
phantoms of the eternal night
ignis fatuus of the cosmic slough

falling through a universe of lies
screaming for a pinhead of truth

falling through the
exosphere
ionosphere
stratosphere
of your microplanet

seeing it suddenly
as an atom
split by the foot of God

agus lùths niùclasach na Fìrinn
a' slugadh gach uile nì
le rèididheachd dhrithleannaich

Flùrannan

Imbali yimbali ngokuqhakaza
icimezile yimbali ngokushiwo
(Chan e flùr flùr mur eil e fosgailte; dùinte, chan eil ann ach ainm flùir)

– dàn le Otty Mandhlayiso (Sùlu)

* sìol-mhèinnichean, a' mallspreadhadh

* dath-bhomaichean seirceil

* lì-fhuarain reòthte, a' leaghadh gach madainn

* muileanan-gaoithe deàrrsach a' sìor-shùghadh neachtair

* òr-chuachan driogach a' sìor-shnigheadh meala

* coinfèataidh air ginideachadh 's air tighinn fo bhlàth

* gùc-gàireachdainn na talmhainn ri fealla-dhà

* sròl-bhrataichean nan Nàisean Aonaichte air crainn uaine

* heli-puirt nam meanbh-fhrìde le ràdar ultra-violait

* factoraidhean foto-cho-chur a' beò-ghlacadh na grèine

* ciùineachagan radharcach

* solais trafaig na h-aigne

* obairlainn cùbhraidheachd

* crainn-sgaoilidh dhath-theilifis

* sprùileach air tuiteam o bheul a' bhogha-froise

* coinnlean is tùisearan is uinneagan de ghlainne dhathte

* cleasan-teine fàs-bheairteach

* port-a-beul bith-cheimiceach

* bilean boireanta a' sèimhphògadh ar sùilean

and the nuclear energy of Truth
enveloping everything
in radioactive incandescence

Flowers

Imbali yimbali ngokuqhakaza
icimezile yimbali ngokushiwo

(A flower is a flower only when it is opened. Closed, it is but a flower in name.)
— poem by Otty Mandhlayiso (Zulu)

* seed-mines, exploding in slow-motion

* benign colour-bombs

* frozen colour-fountains, melting by morning

* lustrous wind-mills continually sucking up nectar

* dripping golden quaichs continually trickling honey

* confetti germinating and blossoming

* bubbling laughter of the earth in jovial mood

* silken United Nations banners on green poles

* heliports for insects with ultraviolet radar

* photosynthesis factories harnessing the sun

* visual tranquillizers

* traffic-lights of the psyche

* perfume laboratories

* colour-television transmitters

* crumbs fallen from the rainbow's mouth

* candles and censers and stained-glass windows

* organic fireworks

* biochemical mouth-music

* feminine lips softly kissing our eyes

An t-Eun agus Eirigh na Grèine

eòin bhig ri ceilear air bàrr-gheug
rinn-pinn bhuidhe do ghuib
a' dian-breacadh meamram na maidne
le sgor-ciùil casta làn sùird

bho àirde do chroinn-sgaoilidh uaine
a' sìor-thriobhualadh an àile
gus an dùisgear prab-shùil an t-saoghail
mar sgàilean-teilebhisein iomadhathach

cluinnear deas-ghnàth do thlà-ghutha
bho mhionaireat caol do sparra
a' gairm nan dìlseach gu ùrnaigh
air brat-ùrlair ùr-sgaoilt' an latha

tha clàr an fhearainn a' cur charan
fo chroinn-togail-fuinn do spiris
agus snàthad do ghuib mar lann thana
a ghearras fead às na sgrìoban

thig madadh na maidne thar fàire
a fhreagairt t' fheadail le greasad
gach cnocan am falach fo anail
gach lochan ga imlich le theanga

mar oiteag a' preasadh gnùis uisge
do chraobh air uachdar na sàmhchair
's a' ghrian na iasg-òir a' builgeadh
an tòir air faodail nan tonn-adhair

nad chleasaich-nathrach cho seòlta
's t' fheadan a' tàladh an t-soillse
gus am boillsg a' ghrian mar chobra
à sgùlan suainte na h-oidhche

nad ubagaich' an uaigneas do thuraid
a' glaodhaich do bhuaidh-chaithreim aoibhnich
nuair a thèid an luaidh a chruth-chaochladh
led dhraoidheachd gu òir neo-thruaillidh

The Bird and the Sunrise

little bird warbling on branch-tip
yellow pen-point of your bill
scoring the parchment of the morning
with complex, animated orchestration

from the apex of your green transmitter
your signal oscillates the air
to awaken the world's quiescent eye
like the screen of a colour-television

your euphonic ritual can be heard
from the slender minaret of your perch
calling the faithful to prayer
on the fresh-spread carpet of the day

the disk of the earth is turned
beneath your tracking swingletree
the stylus of your beak is a keen share
cutting grooves as clean as a whistle

the hound of the morning breaks the horizon
in haste to respond to your call
each hillock is hazed by his breath
each lochan lapped by his tongue

as a breeze wrinkles the face of water
you aerate the surface of silence
till the sun like a goldfish rises
to gulp this prize of the airwaves

a snake-charmer of some expertise
your flute allures the light
till the sun flashes like a cobra
from the somnolent basket of the night

an alchemist in your secret turret
you can't contain your triumph
when at last your magic transmutes
the lead into flawless gold

nad mheirghe gu bàrr-croinn ag èirigh
gad thogail le laoidh mòr-mheanmnach
's air do chùl leus olumpach na grèine
a' tilgeil dheth ghathan gun mhearachd

nad earraid a' lìonadh do sgamhan
's do ghalltromp lìomhach air ghleus
gus fàilt' a chur air an àrd-rìgh
air a chrùnadh le òir 's gach leug

nad ro-cheòl air veidhlin-aonar
a' toirt tlachd dhan luchd-èisdeachd thràth
mus àrdaichear an cùrtair gu slaodach
a thaisbeanadh àrd-ùrlar trang

mar chloinn fo bhuaidh ciùil-soircais
spleuchdaidh sinn suas dhan speur
far an smèid nìonag le snodh' oirre
's a h-èide mar lannair na grèin'

ach nuair a phaisgear le sgìths fod achlais
ionnsramaid sheunta do chiùil
ath-thuitidh an duibhre gu sàmhach
mar chuibhrig air cèidse an t-saoghail

A' Mheanbhchuileag

(trì earrannan)

Tha e a' cur dragh orm
gu bheil a' mhòr-chuid den t-saoghal fo shal,
is leth an latha fo dhorchadas,
is luisreadh an dà Mhul fo dheigh,
is Macchu Picchu na thobhta,
is an dodo air dol à bith,
is grabhataidh a' cur spàirn ruinn,
is an treas cuid de ar beatha air caitheamh ann an suain,
is dà thrian de ar n-eanchainnean à feum,
is cidhis na cruinne-cè air sleamhnachadh

you are a flag rising to staff-top
billowed by a stately anthem
while beyond, the sun's olympic flame
throws precisely-judged javelins

a herald filling your lungs
your polished trumpet is poised
to hail the plenipotentiary
crowned with gold and gems

your overture on solo violin
captivates the early audience
before the curtain slowly rises
to reveal the bustling stage

spellbound by the circus music
we gaze up like children
at the smiling, waving girl
whose costume is as bright as the sun

but when with weariness you tuck under your oxter
the enchanted instrument of your music
the dusk will again quietly fall
like a mantle over the cage of the world

The Midge

(three excerpts)

It troubles me
that most of the world is under sea,
and half the day under darkness,
and the foliage of the two Poles under ice,
and Macchu Picchu a ruin,
and the dodo extinct,
and gravity fighting against us,
and a third of our lives spent in sleep,
and two thirds of our brain out of use,
and the mask of the universe having slipped

a chum nach eil co-chothrom ann eadar bòidhchead is fìrinn,
is breugan a' cnàmhadh ar planaid
mar ghithean an corp cait,
is gu bheil a leithid de rud ann idir ris an abrar bàs,
a chum gur buaine cnàmhan na eanchainn
is plastaig na gaol...

Tha e a' cur dragh orm
a' faicinn dùthaich a' dol fodha
mar chaisteal-gaineimh fon làn,
is cànain air a tilgeil uainn
mar bhratach phàipeir ghlais,
is *weltanschauung* air dearmad
mar aisling-latha fhaoin,
is eachdraidh air dol à fianais
mar lorg-coise cloinne air an tràigh...

An duine nach eil so-leònta, 's ann mì-chneasda bhitheas e.
Robot.
Beò gun deò.

Gruaidh chruaidh.
Bile uachdarach rag.
Na fhear ach gun fhaireachdainn.
As aonais cràidh, as aonais àigh.
Stoigeach. *Et tu Brute?*
Craiceann cloiche ga dhìonadh o lasraichean an t-saoghail;
ga dhìonadh cuideachd o mhìn-bheantainn a' ghaoil.
Mar cheann mòr Eilein na Càisg' e,
a' spleuchdadh air na speuran;
ag adhradh Meidiùsa.

Faisg air an taigh agam tha carragh aosd' ann
is torc air a ghearradh oirre le Cruithneach ealanta air choreigin.

Cha mhòr nach eil an torc neo-fhaicsinneach a-nis.

Saoil a bheil an torc air druim na cloiche
no a bheil a' chlach air druim an tuirc?

Chuir an Riaghaltas cèids àrd daingeann
mu chuairt na carraigh.

so there is no correlation between beauty and truth,
and lies riddling our planet
like maggots in a cat's corpse,
and there is such a thing as that which is called death,
so that bones are more durable than brain
and plastic than love...

It troubles me too
to see a country sink
like a sand-castle beneath the tide,
and a language thrown from us
like a faded paper flag,
and a *weltanschauung* forgotten
like an empty daydream,
and history disappear without a trace
like a child's footprint on the beach...
The man who is not vulnerable will be callous.
A robot.
Alive without spark of life.

Ferro-face.
Stiff upper lip.
Human but inhumane.
Without agony, without ecstacy.
Stoic. *Et tu Brute?*
A skin of stone shielding him from the flames of the world;
shielding him also from love's soft caress.
He's like a great Easter Island head,
Peering at the skies;
worshipping Medusa.

Near my house there is an ancient standing stone
with a boar carved on it by some talented Pict or other.

The boar is almost invisible now.

Do you think the boar is on the back of the stone
or is the stone on the back of the boar?

The Government erected a secure high cage
around the stone.

Saoil a bheil an cèids a' dìonadh an tuirc uainn
no gar dìonadh-ne on torc?

Alba, ar leam gur samhladh dhìots' am beathach tha seo.

Thagh thu ciomachas san t-sutha Shasannach
a chum so-leòntachd a sheachnadh.
Ach dhearbh thu thu fhèin cho dìleas
is gun do leigeadh mu sgaoil thu mar chù chaorach
(no an ann mar dhoberman?)
Dhian-ruith thu air feadh an t-saoghail
a' comhartaich is a' nochdadh d' fhiaclan
ach a' sìor-èisdeachd ri fead do chìobair.
Is iomadh beathach a shad thu air ais don t-Sutha Mhòr,
dìreach mar chaor gu fang ri lomairt.
Ach nach tu fhèin a bha borb.
Cha chreid mi gu bheil ainmhidh san domhan
gun chomharra d' fhiaclan geura na thòin.
Aye, 's e *bonny fechter* dha-rìreabh a bh' annadsa.

Ach 's ann a' fàs aosd an dràsd' a tha fear-coimhid an t-Sutha,
agus tha na cèidsichean a' tuiteam o chèile le meirgeadh.
Thàir às cha mhòr a h-uile ball-taisbeantais ach thusa fhèin.
Bha thu riamh dìleas.
Ach is dòcha gu bheil beagan faiteis ort ri saorsa,
ri saoghal às aonais feadaireachd ìmpirich.

Seadh, 's ann gu mòr a tha an Sutha air ruith sìos an dràsda,
agus tha funntainn a' gheamhraidh gad chniadachadh tre do
    chèids.
Tha reothadh a' nochdadh a-nis air do dhruim,
deigh a' bhàis gad phasgadh mar chraiceann cloiche.

**AM FEAR A DHIULTAS SO-LEONTACHD, THEID E NA
    CHLACH!**

Do you think the cage is to protect the boar from us
or to protect us from the boar?

Scotland, it seems to me this beast is a symbol of you.

You chose captivity in the English zoo
in order to avoid vulnerability.
But you proved yourself so faithful
that you were allowed to roam like a sheep-dog
(or was it rather like a doberman?)
You rushed around the world
barking and baring your teeth
but always listening for your keeper's whistle.
Many's the beast you drove back to the Great Zoo,
just like sheep to a fank for shearing.
But weren't you the brutal one.
I don't imagine there's an animal on the earth
without the scars of your sharp teeth on his arse.
Aye, you were a bonny fechter richt eneuch.

However, the Zoo-keeper is growing old now,
and the cages are falling apart through rust.
Practically every exhibit has escaped but yourself.
You were always loyal.
Though maybe you are a little timid about freedom,
about a world with no imperial whistle.

Yes indeed, the Zoo has deteriorated a lot now,
and the numbing cold of winter, is caressing you through your
    cage.
Frost is beginning to appear on your back,
the ice of death enveloping you like a stone skin.

THE MAN WHO REFUSES VULNERABILITY WILL
    BECOME A STONE!

Dàn do Chiaran 20/1/83

Chan eil an oidhch' cho dorch a-nis
– tha rionnag ùr san iarmailt
– rionnag nach robh ann roimhe;
's mur eil i fhathast ach beag
tha i dian.
Cò an draoidh nach leanadh a leus?
Tha do shùilean cho glan.

Chan eil an là cho fuar a-nis
– tha gath ùr sa ghrèin'
– gath nach robh ann roimhe;
's mur eil e fhathast ach fann
tha blàths ann.
Cò an eighr' nach leaghar leis?
Abair mire nad aodann.

Chan eil an taigh cho balbh a-nis
– tha guth ùr ga thogail
– guth nach robh ann roimhe;
's ma tha e fhathast gun chainnt
tha 'n fhìrinn ann.
Cò nach dèan aithreachas led shearmon?
Tha do dhùrdail cho cùramach.

Chan eil an lios cho falamh a-nis
– tha flùr ùr a' fàs
– flùr nach robh ann roimhe;
's mur eil e fhathast ach maoth
tha e cùbhraidh.
Cò nach aithnich Eden na fhàileadh?
Tha do lethcheann cho mìn.

Chan eil an dìthreabh cho tioram a-nis
– tha fuaran ùr air fhosgladh
– fuaran nach robh ann roimhe;
's ma tha e fhathast na bheag-shileadh

Poem to Ciaran 20/1/83

The night is not so dark now
– there is a new star in the skies
– a star that wasn't there before;
and if as yet it lacks size
it is intense.
What wise man would not follow its blaze?
        Your eyes are so clear.

The day is not so cold now
– there is a new ray in the sun
– a ray that wasn't there before;
and if as yet it is faint
it has warmth.
What ice will not be melted by it?
        Such mirth in your face.

The house is not so mute now
– there is a new voice raised
– a voice which wasn't there before;
and if as yet it lacks speech
it has the truth.
Who will not repent at your preaching?
        Your cooing is so earnest.

The garden is not so empty now
– there is a new flower growing
– a flower that wasn't there before;
and if as yet it is tender
it has fragrance.
Who will not catch Eden in its scent?
        Your cheek is so smooth.

The wilderness is not so dry now
– there is a new spring flowing
– a spring that wasn't there before;
and if as yet it is a trickle

tha brìgh ann.
Cò a' chreag nach sgoltar leis?
Trobhad, a bhalachain,
seo dhut mo ghualainn!

Là Banachadh na Triuthaiche

Tha mo ghaol dhut
mar gu robh muir air dìochuimhn' fon talamh
a' bristeadh a-steach air an uaimh as doimhne dem bhith,
a bras-shruth a-nist a' brùchdadh a-nìos
tro gach clais is gàg nam phearsantachd
los do bhàthadh;

ach 's ann cho tioram ris a' ghainmhich
a bhitheas mo bheul
is mi fo iomagain mud dheidhinn.

it has vigour.
What rock will not be split by it?
Come on wee fellow,
here's my shoulder!

Day of the Whooping-Cough Vaccine

My love for you
is as if a forgotten underground sea
had burst into the deepest cavern of my being,
its tumult now surging up
through every channel and fissure of my personality
to engulf you;

yet when I worry about you
my mouth is as dry as
sand.

Aonghas MacNeacail

Cha b'e prìosan a thug mise gu bàrdachd, mar a thachair do Mhàiri Mhòr. Cha deach mo thogail ann an teaghlach far an robh mi drùidhte ann an dualchas, cleas Shomhairle. Cha mhodha na sin a chaidh mo thogail ann an tigh far an robh na ballaichean air an cumail suas le sgeilpichean leabhraichean, ged a tha ùidh air a bhith agam ann an leabhraichean riamh o b' urrainn dhomh facal a leughadh.

Bha m' athair na mharaiche gus an do chaochail e nuair a bha mise mu ochd bliadhna dh'aois. Bha gu leòr aig mo mhàthair, on is cuimhne leam, gar togail, mi fhìn 's mo phiuthar, a bha trì bliadhna na b' òige na mi. Cha robh mòran tìde aig banntrach le dithis chloinne is crait airson leabhraichean. Mus do shiubhail e airson an turais mu dheireadh, bhiodh comaig no dhà daonnan ann an dòrn m' athar, nuair a thilleadh e dhachaigh.

Bu chaomh leam riamh leabhraichean air muir is maraireachd. Theab mi mo fhradharc a chall nuair a bha mi mu dheich bliadhna dh'aois. Ann am bliadhnaichean deireannach na bun-sgoil, chaidh ar sàrachadh le creideamh. Anns an àrd-sgoil, cha robh e ceadaichte dhomh Gàidhlig *agus* cànan Eòrpach an latha 'n diugh a ghabhail. Dh'fhàs mi searbh de dh'fhoghlam. Bha mi math air sgrìobhadh sa bhun-sgoil, tha e coltach, ach nuair a dh'fhàg mi an àrd-sgoil, gun duais no inbhe, 's ann a' sgeid-sigeadh a bhithinn, daonnan, airson bliadhnaichean, gus an d' rinn mi suas m' inntinn mu dheireadh nach bithinn gu bràth math gu leòr airson cliù a chosnadh mar fhear-ealain.

Caran man àm seo thog mi dà leabhar ann am bùth: The *Waves* le Virginia Woolf, agus *Malone Dies* le Samuel Beckett. Goirid an dèidh sin cheannaich mi taghadh dhen bhàrdachd aig Dylan Thomas. Chan aithne dhomh Sasannach as d' fhiach a rugadh san linne seo, ach is dòcha Basil Bunting is Norman Nicholson. Nan robh mi dol a thaghadh triùir bhàrd o thaobh a-mach dualchas nan Gàidheal bhon aidichinn buaidh, chanainn Pablo Neruda, Miroslav Holub agus William Carlos Williams. Ann am feallsa-nachd agus ann an nòsan bàrdachd, tha mòran aig na Seapanaich ri thoirt dhuinn. Is toil leam na h-Eireannaich, Beurla agus Gàidhlig.

Chan urrainn dhomh seinn. 'S dòcha air sgàth sin 's fhìor thoil leam bàrdachd a nì seinn.

Aonghas MacNeacail was born in Uig, Skye, in 1942 and educated there, at Portree and at Glasgow University. He was writer in residence to the Gaelic College at Sabhal Mòr Ostaig in Skye from 1977 to 1979 and to An Comann Gàidhealach from 1979 to 1981. He received an Arts Council Writer's Bursary in 1983, and was writer in residence to Ross and Cromarty District Council. He toured Ireland in 1972, 1976 and 1984, and has read in West Germany, North America, Belgium, Poland and Japan. As well as in numerous Scottish magazines (*Gairm, Crùisgean, Crann, Ossian, Chapman, Cencrastus*), he has had work published in Ireland, the U.S.A., Australia, Belgium, Spain and Switzerland. Two long poems appeared with illustrations by Simon Fraser (*Sireadh Bradain Sicir / Seeking Wise Salmon* and *An Cathadh Mòr / The Great Snowbattle* (Balnain Books). His first Gaelic collection was *An Seachnadh / The Avoiding* (Lines Review Editions 1986), and his English poems have recently been collected as *Rock and Water* (Polygon).

bratach

do ghuth a' glaodhaich
foillsich thu fhèin

a charaid, is mise
an t-amadan naomh
am bàrd
amhairc is èisd rium

duanag an aghaidh eudaich

chunnaic mi galair
goirt nad ghnùis
nuair a thubhairt
mi gu robh mi dol
a-mach.
       b'e cùis mo shlighe
smuain thu gu robh mi coinneachadh ri tè
bha aon uair
          tasgach na mo chridhe.
mo ghaol, tha ise
nis taobh thall
na callaid, is tusa
         blàths mo chagailt

òran luaidh

bha gealach a-nochd ann
cobhar geal air an tràigh

b'àill leam thu
bhith còmhla rium

clach-mheallain a-nise
sgleogadh air m' uinneig

banner

your voice crying
reveal yourself

friend, i am
the holy fool
the bard
observe and listen

little song against jealousy

i saw the sore
malady in your face
when i said
that i was going
out.
      my purpose
you inferred was to meet one
who was once
            precious to me.
my love, she is
now beyond
the hedge, it's you
            are the warmth of my hearth

love song / waulking song

a bright moon tonight shone
white foam on the shore

love that you
were here with me

a flurry of hail now
slaps at my window

b'àill leam thu
bhith còmhla rium

sgal-osag mun cuairt
mo bhothan air chrith

b'àill leam thu
bhith còmhla rium

m' amharc an dràsd'
air fàire do-fhaicsinn

b'àill leam thu
bhith còmhla rium

sàl is talamh
crìon is sìorraidh

b'àill leam thu
bhith còmhla rium

fàd air teine
thu nam chridhe

b'àill leam thu
bhith còmhla rium

a' chruinne bhith
fo ghul is cràdh

b'àill leam thu
bhith còmhla rium

ùir is salann
corp is anam

b'àill leam thu
bhith còmhla rium

love that you
were here with me

shrill gust around
my trembling hut

love that you
were here with me

now i search
obscured horizons

love that you
were here with me

brine and soil
short-lived, eternal

love that you
were here with me

burning peat is
you my heart's fire

love that you
were here with me

the world may all be
steeped in anguish

love that you
were here with me

earth and salt
body, spirit

love that you
were here with me

na mo dhùsgadh
na mo bhruadar

b'àill leam thu
bhith còmhla rium

an aimhreit

tha caolas eadarainn a-nochd
mis' air m' eilean, thus' air d' eilean-sa.
aon fhacal bhuat, a luaidh, is buailidh
mi le ràimh mar sgiathan sgairbh na tuinn.
bidh eòlas eadarainn a-nochd.

dàn

sgrìobh thu air m' anam
do nàdur, a bhidse gun chridhe, is dhùin
thu an leabhar gu grad mus d' ràinig
sinn deireadh ar sgeulachd

dh'fhuasgail is leig thu air falbh mi mar dhuilleag
bha seargte, a' tionndadh a-null gu craobh ùr
gheibh esan an ceudna a spìonadh
mus seac thu às m' inntinn-s'

mar ghalla fo choin rinn thu leum
bho aon chlais gu clais eile:
toirt dhomh adhbhair cho ciallach ri comhart
rinn thu m' fhàgail

ach, a ghaoil, ged a shracainn mo chridhe
cha sgrìob mi às d' àilleachd, fras earraich
do ghàire, drùdhadh do chniadaich, nas mìlse
na mil, do phuinsean, gam thachdadh

in my waking
in my sleeping

love that you
were here with me

the contention

there's a kyle between us tonight
i on my island, you on yours.
one word from you, love, and i'll beat
with oars like scart's wings the waves.
there'll be accord between us tonight.

poem / fate

you etched your nature
on my spirit, heartless bitch, and
snapped shut the book before we had reached
the end of our story

you loosened me, let me fall like a leaf
that was withered, turning toward a fresh tree
he'll suffer uprooting
before you are scorched from my mind

like a she-dog in heat you
leapt from one ditch to another
with reasons coherent as yelping
you left me

but, love, though i'd shred my heart
i can't scrape from it your beauty, spring shower
of your laughter, your drenching caress, sweeter
than honey, your poison, still choking me

an cathadh mòr

(dà earrainn)

I, 1
dadum dhen dùthaich nach eil fo shneachda
geal geal geal
an cur na cheathach daingeann dùinte
geal geal

bàn buairte an iarmailt
sèimh sàmhach na glaicean
guinte gach sìthean do-fhasgach
bàrr na talmhainn taisgte tur-mhùchte
smior na cruinne roinnt' eadar reothadh is crith

tannasg no tàcharan   cha ghluais san aimsir seo
geal   fuar   geal
reachdach sgairteach cagarsach
am beò a' teannachadh crios an dòchais
mu bhèin an amharais
(cuid fo sglèat) is cuid sa ghailleann
èisdibh
fann-mhèileadh chaorach 's gul theud-theileafon
leaghadh tro chèile
geum fèidh fo sgàile
                    sgiamhail na gaoithe
dùdach luingeis do-fhaicsinn air linne
                    brùchdadh mar osann leònte
tro chaoineadh sgalach
sgeirean gach taobh fo chobhar fo chathadh
h-uile siùbhlaiche deònachadh dachaigh
(siosarnach socair aig lòineig air bradhadair)
                    bhith cruinn mun cuairt cagailt!...

III, 2
geal   geal
a dh'èirich air raointean tron oidhche
a thàinig gun fhiosta
mar ghibhte bho leannan

the great snowbattle

(two excerpts)

I, 1
not an atom of land is not under snow
white white white
the fall a fog impregnable enclosing
white white

pale perturbed the firmament
silent still the crevices
stung every bare unsheltering hill
earth's crust enfolded stifled
the planet's core rent between trembling and ice

nor wraith nor ghost   will move in this weather
white   cold   white
imperious clamorous whispering
the living draw their coats of hope more closely
round uncertain skin
(some have roofs) some out in storm
listen
feeble bleat of sheep and keening telephone
dissolve into each other
stag's bellow veiled
                    by screaming wind
hoot of hidden shipping on the kyle
                    pours wounded moan
through squalling lamentation
reef on each side under spindrift snowdrift
every wanderer wishing home-shelter
(somewhere sibilant crystals turn steam on the fireglow)
                    o to be in the circle round a hearth !...

III, 2
white   white
mustered on meadows in dark of night
it came without warning
gift from lover

mar eirmin air chreach
geal   geal
gar tàladh le tlàthan no dhà   am murtair
aighearach geal air an t-sliabh
a ghaoil cò shaoileadh gun tachdadh tu mi
le mìn-chur le cathadh
do ghealltainn bhith binn
   (bhan-dè nan trì gnùis   àicheam thu
   ghabh mise mar mhnaoi thu
   ach their iad
      gur òigh thu
      òigh ladarna eòlach
      gur cailleach thu
      cailleach spòrsail)
àicheam thu   cha d' rinn thu ach mealladh
d' fhìor-bhòidhchead mar chidhis
bhan-dè nan trì gnùis   thàinig thu
ghealach   ghrian   ghaillean
thàinig thu
eadar mi is mo leannan
cha bu lèir dhomh a h-aodann
às m' èisdeachd a brìodal
bha thusa gam shuaineadh led chagarsaich luaithreach
is chaill mi nad chathadh mo leannan

thug thu dhomh samhradh

de los lenguajes humanos el pobre solo sabria tu nombre
         – pablo neruda

thug an geamhradh buaidh air an earrach
bha e fuar, bha e nimheil
gheàrr sgeinean an reothaidh an cèitean

chum na craobhan an guirme
dùint'
ann an rumannan caol an geugan

ermine hunting
white   white
beguiled us with soft flake or two   the merry
murderer on the moor
my love, who'd think you should stifle me
with flurry with blizzard
let your promise be sweet
        (three-faced goddess   i deny you
        i took you as wife
        but they say
                you are virgin
                bold knowing virgin
                you are crone
                a sportive crone)
i deny you   deception's your nature
your beauty a mask
three-faced goddess   you came
moon   sun   storm   you
came
between me and my leman
i couldn't see her face
her endearments beyond hearing
you entangled me with your ashen whispering
i lost in your blizzard my leman

you gave me summer

de los lenguajes humanos el pobre solo sabria tu nombre
           – pablo neruda

winter prevailed over spring
it was cold, it was bitter
knives of frost cut may

trees kept their green
enclosed
in the narrow rooms of their branches

thrèig smeòrach gaoil na raointean
thriall camagan ciùil às gach linne
sgap a' ghàire na neulagan anail
thar firich chrìon àrsaidh ar dualchais
air gaothan geur neo-aireil
thuislich danns' a' mheudaidh gun dùsgadh nar n-anam
leig sinn bhuainn a bhith sireadh
cuach òir na grèine torraich

chaidh teanga na treubha balbh
ach osann gann bìgeil fhann
fad cruas mall an earraich

gun shamhla againn
a shuaineadh ar spiorad 's ar gnè
ann an ròp soilleir daingeann

    *   *   *

bha mise, 's mo shannt gu tràghadh,
a dh'aindeoin, sìor shireadh
fiù 's gaoireag à fidheall
no fannal à fànas.
    is choinnich mi riutsa
mar lasair bhlàth ròis às an domhan
nochd dhomh blasad dhed bhinneas
nad ghnogadh gun fhiosta 's do thighinn a-staigh orm, is
thug thu dhomh samhradh

    *   *   *

cha ghabh d' àilleachd innse, mo luaidh, chan eil air mo theanga
de bhriathran, ach teine falaisgreach.   seinneam
òran dhut is tuigidh mo chinneadh e, tuigidh
m' aiteam am fonn.   tha thu beò
rubain ruaidh m' fhala
a dhùisg mi le brùchdadh dearg-leaghte
do ghaoil à buillsgean na cruinne
's tu m' iarmailt 's mo thràigh, mo reul-iùil tro gach dochann
's tu mo ràmh air a' chuan thoirmsgeach

the songbirds of love fled the fields
ripples of music abandoned the pools
laughter dispersed in vapours of breath
beyond the crumbling ridges of our history
on sharp indifferent winds
the dance of growth stumbled without wakening in our soul
we gave up our search for
the golden cup of the fertile sun

the tribe's tongue went dumb
only a rare sigh, a whisper
through the slow hardness of spring

we had no symbol
to plait our spirit and kind
into a bright durable rope

*   *   *

i, desire all but ebbed,
still continued my search for
even the mewl of a fiddle
or the merest breath from the void
        and i met you
like the flame of a rose-blossom out of the universe
a taste of your sweetness was given to me
in your knocking unnoticed and coming in on me, and
you gave me summer

*   *   *

your beauty can not be told, my love, there are not on my tongue
enough words but a spreading heathfire.   let me sing
a song for you and my clan will know it, my people
will know the melody.   you are alive
red ruby of my blood
who woke me with the molten eruption
of your love from earth's core
you are my sky and my shore, my pole-star through every
    hardship
you are my oar on the turbulent sea

nuair a tha na stuaghan ag èigheach *dealrachd dealrachd*
thubhairt fear eile ri tèil' ann an suidheachadh eile
'anns gach cànan a labhras daoine, na
truaghain a-mhàin a dh'aithnicheas d' ainm'
ach m' aideachd àigheach-sa
anns gach cànan a labhras daoine bidh
d' ainm air gach teanga, pròiseil, prìseil
's tu mo chànan bheag sheang
's tu gam ionnsachadh

                    mo ghaol àrsaidh òg

bha 'n oidhch' ud

bha 'n oidhch' ud nuair dh'fhàg an cat a' chagailt 's
nach fhacas i 'son mìos
a' chlann ga caoidh is bean an taighe
biathadh an t-soithich san t-sabhal gach ciaradh
le bainne blàth bleoghainn
na luchain a' dannsa sna tarsannain
agus fear an taighe sgrìobadh nan dìg
airson closach
is na h-eòin a' ceilearadh ceilearadh
gàire nan guth
is an cù ris a' ghrìosaich
na aonar, air faondradh
gus an do thill an cat
gun lethsgeul gun adhbhar
a thairgsinn gun chruth a dhealbh
air na làithean a dh'fhàg i falamh

fòrladh dhachaigh

bha uair a bha cianalas gam bhàthadh
nuair dh'inntriginn buailtean m' eòlais
's gu faicinn preas eile dhìth
sa mheasghart cheòlar

when the waves are crying *glitter glitter*
an other said to another, in other circumstances
'in all the languages of men, the
poor alone will know your name'
but i proclaim exultantly
in all the languages of men, your
name will be on every tongue, proud, priceless
you are my small slender language
and you are learning me
                         my young ancient love

there was that night

there was that night the cat left the hearth and
wasn't seen for a month
the children mourned and the wife
fed the dish in the barn every dusk
with warm milk from the milking
the mice danced in the rafters
and the husband scraped the ditches
for a corpse
and the birds were chirruping chirruping
laugh in their voice
and the dog by the embers
was lonely, wandering
till the cat returned
with no excuse, nor reason
to offer, not giving shape
to the days she left empty

home vacation

there was a time nostalgia drowned me
when i entered familiar pastures
when i saw another bush missing
from the orchard of sweet sounds

a-nise tha fearg a' snaidheadh mo bhriathran
gach rann na fhaillean san talamh chrìon

biodh e seang
biodh e anfhann
biodh e crom
biodh e pàiteach
's e m' fhearg
    tha biathadh a dhuillich
    tha sìneadh a ghasan

oideachadh ceart

nuair a bha mi òg,
cha b'eachdraidh ach cuimhne

nuair a thàinig am bàillidh, air each
air na mnathan a' tilleadh a-nuas
às na buailtean len eallaichean frainich
's a gheàrr e na ròpan on guailnean
a' sgaoileadh nan eallach gu làr,
a' dìteadh nam mnà, gun tug iad gun chead
an luibhe dhan iarradh e sgrios,
ach gum biodh na mnathan
ga ghearradh 's ga ghiùlan gu dachaigh,
connlach stàile, gu tàmh nam bò
(is gun deachdadh e màl às)

cha b'eachdraidh ach cuimhne
long nan daoine
seòladh a-mach
tro cheathach sgeòil
mu èiginn morair
mu chruaidh-chàs morair
mun cùram dhan tuathan,
mu shaidhbhreas a' feitheamh
ceann thall na slighe,

now rage carves my words
each verse a sapling in the barren earth

though it be slender
though it be weak
though it bend
though it need water
my anger
          will nourish its leaves
          will stretch its branches

a proper schooling

when i was young
it wasn't history but memory

when the factor, on horseback, came
on the women's descent from
the moorland grazings laden with bracken
he cut the ropes from their shoulders
spreading their loads on the ground
alleging they took without permit
a weed he'd eliminate
were it not that women
cut it and carried it home
for bedding to ease their cows' hard rest
(there was rent in these weeds)

it wasn't history but memory
the emigrant ships
sailing out
through a fog of stories
of landlords' anguish
of landlords' distress
their concern for their tenants,
the riches waiting
beyond the voyage,

long nan daoine
seòladh a-mach
sgioba de chnuimheagan acrach
paisgte na clàir,
cha b'eachdraidh ach fathann

cha b'eachdraidh ach cuimhne
là na dìle, chaidh loids a' chaiptein
a sguabadh dhan tràigh
nuair a phòs sruthan ra is chonain
gun tochar a ghabhail
ach dàidh an sgalag
a dh'fhan 'dìleas dha mhaighstir'
agus cuirp nan linn às a' chladh

cha b'eachdraidh ach cuimhne
an latha bhaist ciorstaidh am bàillidh
le mun à poit a thug i bhon chùlaist
dhan choinneamh am bràighe nan croit
gun bhraon a dhòrtadh

cha b'eachdraidh ach cuimhne
an latha sheas gaisgich a' bhaile
bruach abhainn a' ghlinne
an aghaidh feachd ghruamach an t-siorraidh
a thàinig air mhàrsail, 's a thill gun òrdag a bhogadh
le sanasan fuadach nan dùirn

cha b'eachdraidh ach gràmar
rob donn
uilleam ros
donnchadh bàn
mac a' mhaighstir

cha b'eachdraidh ach cuimhne
màiri mhòr, màiri mhòr
a dìtidhean ceòlar,
cha b'eachdraidh ach cuimhne
na h-òrain a sheinn i
dha muinntir an cruaidh-chàs
dha muinntir an dùbhlan

the emigrant ships
sailing out
a crew of starved maggots
wrapped in their timbers,
it wasn't history but rumour

it wasn't history but memory
the day of the flood, the captain's lodge
was swept to the shore
when the streams of rha and conon married
taking no dowry
but david the servant
who stayed 'true to his master'
and the corpses of centuries from the cemetery

it wasn't history but memory
the day Kirsty baptised the factor
with piss from a pot she took from the backroom
to the meeting up on the brae of the croft
not spilling a single drop

it wasn't history but memory
the day the township's warriors stood
on the banks of the glen river
confronting the sherriff's surly troops
who marched that far then returned without dipping a toe
clutching their wads of eviction orders

it wasn't history but grammar
rob donn
william ross
duncan ban
alexander macdonald

it wasn't history but memory
great mary macpherson
her melodic indictments,
it wasn't history but memory
the anthems she sang
for her people distressed
for her people defiant

agus, nuair a bha mi òg
ged a bha chuimhne fhathast
fo thughadh snigheach,
bha sglèat nan dearbhadh
fo fhasgadh sglèat
agus a-muigh
bha gaoth a' glaodhaich
eachdraidh nam chuimhne
eachdraidh nam chuimhne

samhla

sàth led lèirsinn an sgàile, tha mise (sùil d' fhaileis) an seo
an clachan, an coire, an cochall do chridhe
mar phasgadh de shoillse reòtht' ann an linne cèir

tha mi nam chidhis de dhathan, ach ged a bhiodh
eallaichean sùghar nan coille 'g abachadh nam ghruaidhe
am faic thu 'm madadh liath mireadh gu socair eadar na meuran

am faic thu portan is rodan a' dannsa gu tiamhaidh fon chliabh
is nathair air spiris an ugainn, a' deoghal do bhriathran gum
    fiaradh
agus siud, far nach robh dùil, air chùl claigeann iolaire briathradh

gum bi an teist mar a bha, cho cruaidh, cuairteach ri slige cnò
ach, ged nach brist mi tro bhàrr mo ghrèididh le sùrd
an tàmh tha mi luaineach, an tosd tha mi fuaimneach

an tùr caillte

snàmh anns an eabar ghleadhrach
eadar freumhaichean mo dhà chànan
an tè tha dearg
a' ruith na dealan brisg trom fhèithean
's an tèile
            coimheach, coingeis, eòlach
mum sheice mar èideadh ciomaich 's mi

and when i was young,
though memory remained
under a leaking thatch,
the schoolroom slate
had slates for shelter
and outside
a wind was crying
history in my memories
history in my memories

appearance

pierce the veil with your vision, i (your shadow's eye) am present
in kirkton, in corrie, in the husk of your heart
like a folding of frozen light in a pool of wax

i am a mask of colours, but even if
the succulent freight of the forest were ripening in my cheek
do you see the grey wolf quietly sporting between the fingers

do you see crab and rat dance solemnly under the rib-cage
the snake that roosts on the collar-bone, sucking your words to
    skew them
while there, unexpectedly, behind the skull, an eagle swears

that the proof will be, as always, hard, enclosing, shell of a nut
but, though i may not burst through the film that embalms me
in stillness i move, my silence gives voice

the lost tower

swimming in the clangorous mud
between the roots of my two languages
the one that is red
sprinting swift lightnings through my veins
and the other
            alien, indifferent, familiar
wrapped around my skin like prison clothes, as i

sìneadh meuran mo thuigse, mo lèirsinn
a-mach thar nan sgrìobthonn
gus bàighean an t-saoghail a ruigheachd
gus tràighean an t-saoghail a ruigheachd
thar shligeach bhriste nan lid
gus cànain an t-saoghail a ruigheachd

ged nach biodh tu ach
                    thar chaolais
tha faobhar
          eadar ar briathran

seinneamaid laoidh don
chainnt a sheas binn
seinneamaid moladh
don sgàinear

beul beag

a bheòil bhig
an inns thu dhomh
nad chànan ùr
mar a lìon
do mhàthair leat,
eil cuimhn' agad

a bheòil bhig
an seinn thu dhomh
nad chànan ùr
na h-òrain òg
a thòisich tìm

a bheòil bhig
an dèan thu cruth
do bhiathadh dhomh

stretched out the fingers of my reason, my vision
across wavefurrows
to reach all the bays of the world
to reach all the shores of the world
across broken shellmounds of syllables
to reach the languages of the world

though you should be but
                                    across a kyle
a sharp blade lies
                        between our words

let us hymn the
tongue that stood sweet
let us sing blunting
to the sunderer

tùr; may be translated as either 'tower' or 'reason' or 'sanity'
bàigh; means both 'bay' and 'kindness', 'affection' or 'friendship'
sheas binn; literally 'remained melodic', but could also be interpreted as 'faced a
judgement or sentence'

little mouth

little mouth,
tell me
in your new language
how your mother
filled with you,
remember that?

little mouth,
sing to me
in your new language
the young songs
that started time

little mouth
make for me
the shape of your feeding

a bheòil bhig
dè 'n cleas,
an toir thu tuar
do latha dhomh

seas seas,
a bheòil bhig,
cha tuig mi thu,
tha eas do lidean
taomadh orm
mar dhealain geal
a' sàthadh feòil chruaidh
m' fhoidhidinn

a bheòil bhig
a bheòil bhig
an ith thu mi

a bheòil bhig
cha tus' an t-aon
tha gairm do bhith

a bheòil bhig
sporain nam fuaim
nad ròs rèidh
's tu cala 'n t-suain

a bheòil bhig
nuair a thilleas tu
à gleann nam balbh
an inns thu dhaibh
nach cual' thu fòs
nad chànan ùr
nach toigh leat cràdh

little mouth
what's the sport,
give me the colour
of your day

hold, hold
little mouth
too fast for me,
your syllables
flood over me
in torrents of
white lightning,
stabbing the hard flesh
of my patience

little mouth
little mouth,
would you eat me?

little mouth,
you're not the first
to say *i am*

little mouth
purse of noises
still as a rose,
now harbour of sleep

little mouth
when you return from
the dumb glen
tell those
who haven't heard
in your new language
that you don't like pain

chum mi seachad

chum mi seachad air
an taigh far an robh bàs ag àrdan
an taigh far an robh bàs ag àrdan
an taigh far an robh bàs ag àrdan

cha tug mi ainm dha
cha b' aills' e
cha bu chaitheamh

chum mi seachad

chum mi seachad air
an t-sràid far an robh bàs a' dannsa
an t-sràid far an robh bàs a' dannsa
an t-sràid far an robh bàs a' dannsa

bha e bocail
bha e sìneadh
bha e smèideadh
fàilte

chum mi seachad

chum mi seachad air
a' bhaile far an robh bàs air dhaorach
a' bhaile far an robh bàs air dhaorach
a' bhaile far an robh bàs air dhaorach

cha robh càirdean agam ann
a b'aithne dhomh

bha mi acrach
bha mi aonrach

romham bha an tìr
far an robh bàs na rìgh oirr',
agus an sluagh an-fhoiseil

i kept on past

i kept on past
the house where death was rampant
the house where death was rampant
the house where death was rampant

i didn't name it
not cancer it
wasn't consumption

i kept going

i kept on past
the street where death was dancing
the street where death was dancing
the street where death was dancing

it was skipping
it was stretching
it was beckoning
welcome

i kept going

i kept on past
the town where death was drunken
the town where death was drunken
the town where death was drunken

i had no friends there
that i knew of

i kept going

i was hungry
i was alone

ahead was the land
where death was king,
and the folk rebellious

Catriona NicGumaraid
Catriona Montgomery

Rugadh mi ann an Ròdhag, faisg air Dùn Bheagan anns an Eilean Sgiathanach. Bha mòran sheann òran aig mo mhàthair agus aig feadhainn eile anns a' bhaile, agus ghabh mi ùidh annta nuair a bha mi òg. Ged a chòrd bàrdachd Ghàidhlig rium anns an àrd-sgoil, tha mi 'n dùil gu robh bàrdachd Bheurla nas taitniche leam. Ach bha na h-òrain Ghàidhlig riamh tarraingeach dhomh, agus nuair a bha mi anns na deugnaichean thòisich mi ri òrain Ghàidhlig a dhèanamh.

A dh'innse na fìrinn, cha robh mi ach air glè bheag bàrdachd Ghàidhlig a leughadh, agus a bheag a bha, cha robh mi ga tuigsinn. Nuair a chaidh mi a dh'Oilthigh Ghlaschu ge-ta, chuir mi eòlas air bàrdachd Shomhairle MhicGill-Eain. Bha mo shùil-ean mar gum biodh air fosgladh gu saoghal ùr, is bàrdachd Shomhairle air iuchair a thoirt do spiorad na bàrdachd annam fhèin. Aig an aon àm, bha mi air tuiteam ann an gaol, ach cha deachaidh gu math leis an t-suirghe! Airson faochadh, thòisich mi ri bàrdachd. Chan e rud a bu toigh leam a dhèanamh, ach a dh'fheumainn a dhèanamh, a bh' innte.

Nuair a thòisich mi ri bàrdachd, bha i gu math pearsanta ach a-nis chan eil. Tha mi air sgaoileadh a-mach gu cuspairean nas fharsainge, mar cor na Gàidhealtachd. Tha buaidh mhòr fhathast aig òrain air mo bhàrdachd, oir tha an ceòl 's an gluasad nam prìomh-adhbhar do gach bàrdachd. Faodaidh a' bhàrdachd a chòrdas ris an t-sùil a bhith taitneach, ach cha bhi i a' còrdadh riumsa mura bheil i taitneach don chluais. Is dòcha gu bheil e nas soirbhe bàrdachd phearsanta a sgrìobhadh, ach an-diugh chan eil mi rithe cho mòr, ach nuair a bhitheas mi a' sgrìobhadh bàrdachd spioradail.

Catriona Montgomery was born in Roag in the Isle of Skye in 1947. After leaving Skye she took a degree in Celtic and Modern Studies at Glasgow University. She trained as a teacher and taught these subjects in a Glasgow school before becoming the first writer in residence to the Gaelic College at Sabhal Mòr Ostaig, Skye. She began writing poetry in her early twenties, and has also written plays and acted on television and radio. Her poems have appeared in many magazines, including *Gairm*, *Cencrastus* and *Lines Review*. Together with her sister Morag she published *A' Choille Chiar* (Clò Beag) in 1974, and she is currently preparing a new collection of her own for the press.

Tha dualan mo rùin cho bachallach,
tha chraiceann cho geal ri eala air bhàrr thonn.

Tha guth mo ghaoil cho togarrach
's a ghàir' cho fearail cruaidh.

Tha nàdur mo luaidh cho sèimh
ri osag bhuidhe foghair sa bhuail'.

Chan urrainn dhomh gearain idir air
ach nach eil a ghaol bith-bhuan!

*   *

Grian is ceòl thar monadh fraoich
's na speuran dearg sa chamhanaich.

Is seòlaidh mi air falbh o thìr
null, a ghràidh, gu sonas leat:
chì mi dearcagan sa cheò
is sinn gam buain mar chloinne ann,

sinn leum air ais
o bhròn 's o thùrs
gu madainn rèidh mhìn-sheallanach.

*   *

An ceò a dh'fhalaich thu o iomadh
thog e nuair thàinig mi nad chòir
is ghlac mi daoimean ioma-dhathach
glan, fìor dheàlrach mar òr;

chuir mi mo shùil ris a' ghlainne
's bhris e na speilgeinean sa ghrèin,
's loisg raonabogh Noah nam anam
le gealladh abaich na mo chuairt.

*   *

My love's locks are curly,
his skin fair as the swan on the waves.

My love's voice is uplifting
and his laugh strong and masculine.

My love's nature is serene
as the yellow breeze in the field.

I cannot complain of him at all
but that his love is not eternal!

*   *

Sun and music over heathered moorland,
and the skies red in the gloaming,

and I will sail away from the land
over, my dear, to joy with you.
I see berries in the mist
and us picking them as children;

we leap back
from anguish and sorrow
to a peaceful, serene, picturesque morning.

*   *

The mist that hid you from many
lifted when I came close to you
and I caught a sparkling diamond
crystal-clear, shining like gold;

I put my eye to the glass
and it shattered in splinters in the sun,
and Noah's rainbow burned in my soul,
a ripe promise blossomed.

*   *

Chan urrainn dhomh do leigeil seachad
ged a sheòladh iad thu thar chuain;
bheathaich thusa mo cheart anam
's ghlas mi thu nam chridhe suas.
'S e gòraiche leamsa bhith 'g abradh
gu faighinn seachad ort gu luath,
oir tha thusa dhòmhsa
mar rim anam
mar tha a' chlaistneachd ris a' chluais.

*	*

Nan robh agam sgian
ghearrainn às an ubhal
an grodadh donn a th'ann
a leòn 's a shàraich mise.

Ach mo chreach-s' mar tha
chan eil mo sgian-sa biorach
's cha dheoghail mi às nas mò
an loibht' a sgapas annad.

*	*

Bha gealladh gaoil anns na duilleagan
don tug thu breab air an t-slighe
nuair a thill sinn ri chèile
	— 's bha do shùilean cho milis.

Ach nuair a bheir mi sùil thar mo ghualainn
	gu geur tron an t-suirghe
saoil an e rabhadh tiamhaidh
bha sa bhreab ud dom chridhe?

*	*

Is beag orm a' mhadainn
nuair a tha gach nì geal geur soilleir
gun ghuth air na thachair a-raoir
fo phlangaid daoraich
nuair a bha an còmhradh gaolach milis gràdhach
	gus an tàinig an cadal.

I cannot give you up
even although they would ship you across the sea;
you fed my very soul
and I locked you tight in my heart.
It is foolish to say
I would get over you quickly,
because you are to my soul
as hearing is to the ear.

*   *

If I had a knife
I would cut from the apple
the brown rot that is in it
that hurt and exhausted me.

But alas for me!
My knife is not sharp
and I will not suck out
the rot that will spread in you.

*   *

There was the promise of love in the leaves
that you kicked on your way
when we returned together,
and your eyes were sweet.

But when I look over my shoulder
critically into the courtship,
was that kick a poignant warning
to my heart?

*   *

I care little for the morning
when everything is white, sharp and clear
with not a word of what happened the night before
beneath a drunken blanket
when the talk was tender, sweet and loving
                until sleep came.

Is bhris an tràth latha
dh'fhalbh do mhìlseachd, d' aighear 's do cheòl
na àite dh'innis thu dhomh an fhìrinn
fìrinn a tha cruaidh dòrainneach feòlmhor
's a dh'fhàg mise gam bhàthadh le deòir.

*   *

'Bhàsaichinn,' arsa mise gu grad
nuair dh'fhaighnich iad dhiom mo staid,
'nam fàgadh e mi air oidhche stoirmeach
        's cha sguirinn a ghal –
is cha bhiodh stiùir air mo chiall
is cha bhiodh mo chridhe ach cas.'

Is ann mar sin a thachair
        gus an do stèidhich mi mo reachd
        is chiùinich mi mo bhàt'
        is dh'acraich mi m' inntinn,
m' inntinn froiseach dubh-acrach goirt
        's cha do bhàsaich mi –

        O anam bhochd!

A' Chraobh

Coimhead air a' chraobh as t-earrach:
cuimhnich air a' ghaol a mheall mi,
briseadh duilleach na mo shealladh,
gealladh gaol bhiodh mòr air m'aire.

'S t-samhradh bha mo ghaol cho flùrach,
làn de dhuilleach is de dh'ùbhlan;
bha mi sona, cridheil, sunndach,
's thuirt mi – cha dèan thu mo mhealladh.

An toiseach bha am foghar grianach
gus 'n do thòisich e air crìonadh
's duilleagan a' tuiteam dhìomsa
's rabhadh na do shùilean meallach.

Morning broke your music and joy disappeared
instead you told me the truth
the lustful, harrowing truth
that left me drowning in tears.

*   *

'I would die,' I said abruptly
when they asked me how I was,
'if he left me on a stormy night
      and I wouldn't stop weeping –
and my reason would lose the place
and my heart would be pained.'

And that's what happened
      until I steadied my vexation
      and calmed my boat
      and starved my mind,
my poor, frothing, black-hungry mind
      and I did not die –

      O wanton soul!

The Tree

Look at the tree in spring:
remember the love that deceived me,
leaves breaking out under my eyes,
the promise of a growing love.

In summer my love had blossomed,
full of foliage and apples;
I was content, joyous and invigorated
and I said – you will not deceive me.

At first autumn was sunny
till it started to decline
and little leaves fell from me;
a warning appeared in your deceiving eyes.

Ach sa gheamhradh tha mi tùrsach,
a' chraobh o bun gu bàrr air rùsgadh;
dh'fhalbh an gaol, am blàths 's na flùran,
is, O, is fhada bhuam an t-earrach.

Obair-Ghrèis

Sa chidsin san t-sàmhchair,
le meur ghleusd' tro shùil na snàthaid,
snàthdannan dathte 's pìos anairt na làimh,
Ceit ag ath-nuadhachadh samhraidh, a mheasan 's a bhlàthan;
mus tig làrna-mhàireach bidh 'n tubailt air dòigh.

Tha Seònaid bhiorach na suidhe,
sùil gheur air an uinneig
a' sgrùdadh an rathaid 'son drongair no dhà;
a' leantainn nan caileag aig a bheil dannsa nan aire,
a' cunntais nan solas tha laiste gu dhà.

Aig ochd an ath mhadainn bidh Seònaid na cabhaig
a' dèanamh air taighean, an obair-ghrèis aic' air dòigh:
cha b'ann na tàmh i san dorchadas
a–raoir no a' bhòn-raoir –
bha a snàthad gu biorach a' gròbadh nam breug.

Dè bha iad a' dèanamh
air an cois fad na h-oidhche?

O, dè bha thu smaointinn – bha iad ag òl,
's am peasan aig Mairead
aig dannsa an Caol Acainn;
cha tàinig i dhachaigh gu cairteal gu dhà.

Ach chan ann air dannsa no pinntean
a bhitheas an inntinn
nuair sheasas iad rùisgte aig Cathair nan Gràs.
Leugh mise mo Bhìoball
's air mo leabaidh gun do shìn mi
's tha mo chuinnseas cho soilleir
ri briseadh an là.

But in winter I am sorrowful,
the tree is stripped from top to bottom;
the love, the warmth and the flowers have gone
and oh, spring is far away.

Embroidery

In the quiet kitchen
skilled fingers pushing coloured thread through needle's eye,
Kate, reviving summer, its fruits and blooms;
within days the tablecloth will be ready.

Nebby Janet sits at the window
sharp eyes scrutinising the road for drunks,
watching the girls who go to the dance,
counting the lights that are lit till two.

At eight next morning
Janet makes quickly for the houses
her embroidery finished
her sharp needle in the dark busily stitching lies.

What were they doing, up all last night?

Oh what do you think?
Drinking, of course!
And that brat of Margaret's at a dance in Kyleakin;
she didn't come home till quarter to two.

But their minds won't be on dancing and pints
when they stand stark-naked on Judgement Day,
I read my Bible before lying peacefully on my bed;
my conscience is as clear as dawn.

A' puthail 's a' peachail
fon da bhrùid mhòr cloiche,
Maois còir 's e gu crotach
teàrnadh bhon chnoc ud a-nuas...
bha deich àithntean gu leòr dha
's gun d' fhàg iad e sàraicht',
ach tha e coltach, a Sheònaid,
nach eil deich dhutsa gu leòr.

Uaighean

Mhothaich mi anns a' bhaile mhòr
gu bheil iad a' cur nam marbh
an leacan sguèadhra, cothrom, rèidh.
Cha do chuir e iongnadh orm
gun d' thòisich iad air an fhasan san Ath Leathann;
chan fhada gus am bi Parks Department an Dùn Bheagain,
's tilgidh fir Ròdhag bhuapa na spaidean;
cha bhi na h-uaighean tulgach tuilleadh rin cladhach –
freagarrach, 's dòcha, 's gu bheil ar beatha
dhen aon chumadh chothrom rèidh.

Gun Stiùir

Uair 's am bruaillean na bu teotha,
chaidh mi iomrall anns a' cheothaidh,
m' uilebheistean ag èirigh na mo choinneamh,
a' dannsa mun cuairt an dannsa cathaich.
Ged a dh'fheuch mi ri sabaid riutha,
cha d' rinn mi 'n gnothach air am mùchadh buileach.
Dhùisg mi às a' mhearan-chadail
's mi air mo chlaoidh 's mi grìseach prabach,
gun chreud, gun bhàt' a stiùirinn romham,
gun bhrèid ri chrathadh air a' mhunadh.
Thionndaidh mi a-bhos is tharam –
cha d' fhuair mi Dia no fiù 's Dia coimheach.

Puffing and peching under two brutes of stones
poor Moses, hunchbacked, came down the hill...
ten commandments were enough for him...
indeed they wore him out;
it seems, though, Janet,
that ten are not enough for *you*!

Graves

I noticed that in the Big City
they put their dead
in flat, symmetrical graves
I wasn't surprised to learn
that they've taken up that habit in Broadford,
Soon there will be a Parks Department in Dunvegan
and the men of Roag can fling their spades away;
the bumpy graves will no longer be dug –
fitting perhaps, since we share
the same flat, symmetrical lives.

Rudderless

Once when the sultry heat was more oppressive
I went astray in the mist
my demons rising up to meet me
writhing in mad, savage dance.
Although I tried to struggle against them
I did not manage to subdue them completely.
I woke from the delirium
exhausted, shivering and bleary-eyed
without creed, without a boat that I could steer before me;
without as much as a sail flapping on the horizon.
I turned this way and that
and did not find God or even a false god.

Ochòin, a Rìgh, 'n e sabaid fhalamh
a bhith sgrìobadh na fìrinn às an talamh?

Ròdhag, 2000 A.D.

Nuair a bheir an fheannag
an t-sùil às a' chaora mu dheireadh,
bidh mi ri dìdearachd air d' uinneagan:
bidh iad an sin
a' cluich chairtean
's ag òl Beaujolais,
poodle a' dannsa mun casan;
bidh fhàileadh blàth a' bhainne air falbh às na bàthchannan,
's iad làn thruinnsearan fuar cruaidh *pottery*
airson an luchd-turais;
fuaim nam brògan tacaideach nan samhla
a' coiseadh air monadh;
na croitean uaine fàsail
gun bhristeadh spaide.

Nuair a bheir an fheannag
an t-sùil às a' chaora mu dheireadh,
bidh mi ri farchluais
air d' uinneagan,
rid osagan ag ochanaich,
's na guthan cruaidh Sasannach
a' dol an aghaidh na gaoith.

Eilidh

Bha dùil a'm gum biodh tu agam
measg chreag is tiùrr is ghlinn,
's gun ionnsaicheadh tu cainnt Dhiarmaid
gu siùbhlach bhuam fhìn –
chan ann an seo san ear-bhaile,
far nach tuig mi cleas na cloinn';
ach a-nochd gur dlùth an dàimh, a chagair,
's tu torghan air a' chìch.

Alas, but it's an empty fight
to scratch truth from the earth aright.

Roag 2000 A.D.

When the hoodie crow takes
the eye out of the last sheep
I will be peeping in at your windows.
They will be there,
playing cards,
drinking Beaujolais,
a poodle prancing about their feet.
The warm smell of the milk will have left the byres
and they will be full of hard cold pottery for the tourists;
the sound of tackety boots like ghosts walking on moors,
the crofts green and unproductive
without spade-breaking.

When the hoodie-crow takes
the eye out of the last sheep
I will be eavesdropping at your windows
listening to your breezes sighing
and the harsh English voices clashing with the wind.

Eilidh

I thought that I would have you
midst rock, sea-wrack and glen
and that you would learn Diarmid's language
fluently from myself.
Not here, in this east coast city
where I don't understand the children's play.
But tonight the kinship is close
as you gurgle at the breast.

An Taigh Beag

An seo mar bu dual dhuinn,
taigh beag air na creagan,
ged as e panaichean plastaig bòidheach
tha 'n àite nam pigeachan 's nan sligean;
Monadh Ròdhag air ar cùlaibh,
far an iomadh uair a leighiseadh
greadanadh mo spioraid;
taighean Chornal is ceò asd'
geal, sìos mu mo choinneamh,
ach tha 'm beagan chloinne a th'annta
gun ach Beurla ac' ga bruidhinn,
is cho fìor bheag dhi dha-rìribh
aig aon dhen dubh-sheanair;
'n ann a' greimeachadh ler meòirean
tha sinn air creagan tìm
sa cheart mhionaid?

Ach stad, cò tha seo 's e gluasad
suas chun na creige?
Dòmhnall Peigi le chù ann
's e tighinn air chèilidh
an-diugh oirnn.
Shin thu, sgioblaich an fhàrdaich,
cur fàd air an teine –
san taigh seo co-dhiù
bidh ar còmhradh mar bu mhinig.

Aoir

Chì mi thu a' cuartachadh nam bòrd,
'fèileadh preasach nam ball dlùth' mud ghlùin,
's tu bruidhinn ann an guth mòr sgairteil –
suaicheantas an oileanachaidh a fhuair thu
ann an colaisde nach tuig duin' eile a cliù ach thu;
is thàinig thu a chladhach do lòin anns a' chlachan seo,
a lìonadh do bhrù gu daolagach
le duais nan creutairean bochda

The Wee House

Here as in the past
playing at wee houses on the rocks
although you have the smart plastic pans
instead of shells and pieces of plates;
Roag Moor behind us
where my spirit's wounds were often healed,
Cornal houses with smoke rising from them,
white, down there in front of me,
but the few children who live in them
speak only English,
when their grandfathers
had so little;
and are we clinging with tenacity
to the rock of time
at this very moment?

But wait, who is this I see
coming towards the rock?
It is Peggy's Donald with his dog
to visit us today.
There, tidy up the house,
put a peat on the fire.
In this house at least
our conversation will be as of old.

Satire

I see you supervising the tables,
your fine-checked, pleated kilt to the knee.
You talk loudly, shouting –
the badge of the education you got
in a college whose reputation is a mystery to most.
And you came to dig your livelihood in this village,
to fill your belly like a worm
with the earnings of poor creatures

a tha sgrìobadh am beòshlaint
às na feannagan-taomaidh
a tha dìreadh eadar Pàirc
a' Chladaich is Heilgheabhal.
Is dòcha gun toir sin sìth dhad inntinn staoin –
tha na gocain bheaga gheura
fhathast a' biathadh na cuthaig mhòir faoin;
is saoilidh mi, nuair
a chì mi thu is d' itean
a' seasamh le pròis,
gun tàinig Ceit Mhòr Ruisia
bhon uaigh air chèilidh oirnn.

Gu Dòmhnallaich Aimeireagaidh

Nach seall sibh air mo stàide,
gach mac is nighean màthar,
gach aon de dh'ainm uasal Chlann Dòmhnaill –
nach seall sibh ur ceann-feadhna,
e seang 's air cosg le caoilead,
is sibhse 'n sin cho cruinn 's a tha gròiseid.

Nach dearg a bha ur n-aodann
nuair chuala sibh mun lùchairt,
caisteal mòr àlainn Chlann Dòmhnaill
(gur tric a bha ur sinnsear
moiteil às a' ghrinnead)
– an-diugh e 'm broinn a chèile
's e fàsail.

Mi 'm fiachan gu mo chluasan
is rùcail na mo chaolain
le acras; mo ghlùinean bleith a chèile an còmhnaidh;
gun tòin a chumas fhèileadh
air mo chnàmhan bochda, caola
nach cùm creapaillt mo stocainn an àirde.

who scrape their livelihood
from the lazy-beds that climb
from the Shore Park to Healaval.
Perhaps that will bring peace to your shallow mind –
the sprightly little tit-larks
still feed the large silly cuckoo.
And I think, when I see you
with your feathers proudly cocked
that Catherine the Great of Russia
has come from the grave to visit us.

To the American Macdonalds

Consider my plight,
every mother's son and daughter
who bears the noble name of Clan Donald.
Will you not look on your chieftain,
skinny and wasting with hunger,
and you sitting there as round as gooseberries?

Were your faces not scarlet
when you heard about the stately home,
the beautiful big castle of Clan Donald?
Often were your ancestors
proud of its magnificence
that falls today into desolate ruin.

I am in debt up to my ears
and my gut rumbling with hunger,
my knees knocking ceaselessly,
without a backside to hold my kilt up
on my poor thin bones;
no garter will hold up my stockings.

Ur tòinean-se cho àlainn,
le saill iad cruinn is deàrrsach –
nach gabh sibh truas ri ceann-feadhna Chlann Dòmhnaill;
is ged a tha sibh mìltean
bho far 'n d' àraicheadh ur sinnsear,
nach tog sibhse suas mo thaigh-còmhnaidh?

Ged a chuir mo shinnsear
lasair len cuid theintean
air taighean beaga bìodach bhur càirdean,
's ged phunnd iad iad air bàta,
gan seòladh do na Stàitean,
nach cuir sibh làmh nur pòca,
'son càirdeis?

Nach tuig sibh mar a bha e –
bha m' athraichean cho càirdeil:
thuig iad staid gràineil bhur càirdean;
bha fios nan ruigeadh iad sàbhailt'
an tìr sa – an ceann ràithe –
gun dèanadh iad pìle de dh'òr ann.

Nach smaoinich sibh air na truaghain
a dh'fhan an tìr an dualchais,
iad sgrìobadh na tiùrr airson bhàirneach;
iad a' faicinn chaorach bhàna
ag ionaltradh sna làraich
far am b'àbhaist iad fhèin a bhith còmhnaidh.

Siuthadaibh, stobaibh làmh nur pòca,
is thoiribh na tha dh' òr aist'
is sìnibh e dhòmhsa, a chàirdean:
gun èirich ar cliù-ne
mar a bha e o thùs –
ainm uasal ceann-feadhna Chlann Dòmhnaill.

You have splendid buttocks
round and shining with fat;
will you not take pity on the last chief of Clan Donald?
And although you are miles
from where your ancestors were raised,
will you not build up my dwelling-house?

Although my ancestor put
fire and flame
to the tiny little homes of your forefathers,
and although they crammed them on a boat
to ship them to the States,
will you not dip hand in pocket
for the sake of kinship?

Do you not understand
that my ancestors were so kindly
they understood the plight of your families;
they knew if they reached yon land safely
they would make a pile of gold.

Consider those who were left
in the land of their birthright,
scraping the seaweed for barnacles
and seeing the white sheep
grazing around the sites
of the homesteads where they used to dwell.

Come on then! Stick a hand in your pocket,
pull out the money that's in it
and hand it over to me, friends;
will not our status be enhanced
as it was of old –
the honourable name of Clan Donald?

Urnaigh na Ban-Tigrich

Athair 's mo Dhia, dèan thus' ar dìon,
mi fhìn 's mo naoidhean beagan mhìos;
gur gann an t-uisg' 's gur gann an sìol –
sinn acrach, creuchdach, brùite, piant'.

Adhlaicte an-diugh mo luaidh,
's nach aithnich mise uaigh seach uaigh:
measg mhìltean 'n Tigre tha e na shuain –
coimhead thusa, Thighearna, oirnn le truas.

Sinn fannachadh le teas na grèin'
nuair dh'èireas i an àird san speur;
sinn ga ar mealachadh le fuachd
meadhan-oidhch', 's ar sgeadachadh cho truagh.

An tig, a Thighearna, uisge trom
a bheir a-mach toradh bhon talamh lom?
Cum rium mo chreideamh annad fhèin,
na canar, 'An do thrèig thu mi, mo Dhia?'

Cheus riaghaltas eile Crìosd air crann,
's tha luchd-breug gar biathadh 's sinn gu gann.
Dòirt sìos do mhathas caomh, a Dhè –
na leig le olc buannachadh gu lèir.

An Carghas Seo

An Carghas fada seo,
an Carghas doirbh seo,
buaireadh daonnan gam shiubhal –
ach an siud, am measg nan rionnag,
mar shamhla dòchais aonta soilleir,
a' ghealach shlàn a' brosnachadh mo spioraid.

Fon a' cheart aon ghealaich,
sa ghàrradh ud a' cumail faire
air a ghlùinean, Mac an Duine,
air leth bho chàch a' guidh' ri athair.

The Prayer of the Tigrean Woman

O Lord my God, will you protect
me and my child of but a few months;
scarce is the water, scarce the grain –
we are hungry, bruised and pained with sores.

My beloved one was buried today
but I cannot tell one grave from the next:
his resting place, is with thousands from Tigre –
look on us, Lord, with pity.

We faint in the intense heat of the sun
as it rises in the cloudless sky;
and at midnight in our ragged attire
we are numbed with cold.

God, will the rains come soon
and bring forth crops from this arid land?
Strengthen my faith in you, Lord
and let me not say that you have forsaken me.

Other rulers crucified Christ on the cross,
and we are fed by a similar regime.
Pour down your loving kindness, God –
do not let evil conquer completely.

This Lent

This long lent,
this difficult lent,
temptation continually seeking me out –
but there, amongst the stars,
a symbol of unity, hope and light,
the full moon encouraging my spirit.

Under the self-same moon,
in the garden, keeping watch
on his knees, the Son of Man
apart from the others, praying to His father.

Cum faire, m' anam, rè na h-oidhche,
a' cumail faire fad na gealaich;
a Rìgh, cum aonta riutsa m' anam
– 's an Carghas seo cho eadar-dhealaicht'!

Laraich

Ged dh'òrdaich Diùc Earra-Ghàidheal
gun chlach fhàgail an làrach
aon tobhta nuair a dh' fhàsaich e Muile,
tha làrach a chionta air fhàgail
anns gach feannag chaidh àiteach
's anns na craobhan sàmhach tha crathadh mu Dhubhaird;
's ged thilleas an Leòdach
gu Dùn Bheagain air fòrladh
a thogail a' mhàil a chosgas e 'n Lunnainn,
chan eil làrach a bhrògan
no ainm aig' air àird ann,
no cnocan no alltan no monadh.

Oran Gaoil

A bheil cuimhn' agad, a ghràidh ghil mo chridhe,
's mi torrach led leanabh nam bhroinn,
mar a thog mi am flùr dhut air madainn
mar shuaicheantas dòchais is gaoil?

Chuir mi am flùr beag gorm ud air treidhe,
chuir mi do bhraiceast, a ghràidh, ri a thaobh –
rud nach d' rinn mi bhon uair sin no roimhe –
's bha thusa ri gàireachdaich leam.

Tionndaich riumsa, a ghràidhein, a-rithist,
tionndaich fhathast rium do thaic-sa 's do ghnùis –
ged as doirbh an treabhadh, a charaid,
nì sinn buain san fhoghar gun suim.

Keep watch, my soul, throughout the night,
watch through the eternity of the moon;
King, keep my soul united with You
– and this Lent so different!

Imprints

Although the Duke of Argyll ordered
that not one stone be left in the imprint
of one ruin when he cleared Mull,
the imprint of his guilt is left
in each lazy-bed which was worked
and in the silent trees blowing around Duart;
and although Macleod returns
to Dunvegan on holiday
to collect the rent he will spend in London,
he has neither left the imprint of his shoes,
nor has he name for any height,
any hillock, stream or moor there.

Love Song

Do you remember, white love of my heart,
when I was pregnant with your child,
how I picked that flower one morning
as a symbol of hope and love?

I put that small blue flower on a tray
and put your breakfast beside it,
something I didn't do before or since,
and you laughed with me.

Turn to me, my dear, once more,
give me your support and love –
although the ploughing is difficult, friend,
we will reap in the harvest, without concern.

Am flùr beag suaicheanta laghach,
an do chrìon e buileach leat, saoil?
Ged as doirbh an treabhadh, a charaid,
an dèan sinn buain san fhoghar bhuidhe, chiùin?

Tionndaich riumsa, a Thòmais mo chridhe,
deagh athair mo dhà naoidhean cloinn';
tionndaich riumsa, a chèile mo chridhe,
tha flùrag an dòchais fhathast maoth.

The small blue emblematic flower,
did it wither completely, do you think?
Although the ploughing is difficult, friend,
will we reap in the yellow, serene harvest?

Turn to me, Tommy my darling,
the good father of my two children;
turn to me, my loving husband,
the flower of hope remains undefiled.

Màiri NicGumaraid
Mary Montgomery

Thòisich mi feuchainn ri bàrdachd a sgrìobhadh nuair a bha mi anns an àrd-sgoil. Bha mi aig aois far an robh m' inntinn a' fosgladh gu saoghal anns am bithinn nam inbheach 's bha mi èasgaidh rudan fheuchainn a-mach. Cha robh ann am bàrdachd ach aon rud am measg tòrr 's cha tug mi mòran suim dhi. Bha ceangal agam ris a' Ghàidhlig 's i cho làidir anns an dachaigh, 's bha ceangal làidir aig Gàidhlig na sgoile ri bàrdachd.

Cha b'ann gus an deach mi dhan oilthigh 's an deach mi an lùib litreachais Gàidhlig is Beurla ann an obair-sgrùdaidh a thòisich mi tuigsinn gur e barrachd air dìreach cur-seachad a bh'ann am bàrdachd. 'S chòrd seo rium. Chòrd T. S. Eliot, Larkin, Hughes, MacThòmais 's Edwin Muir rium gu sònraichte. 'S ann a dh'fheuchainn fhìn air! Ge b'e d' eile bh'orm cha b'e dìth a' bheachd.

Chuir e iongnadh mòr orm nuair a fhuair pìos bàrdachd air an tug mi 'A' Chìs' moladh bho luchd-deasachaidh *Crann* (leabhran Comann Ceilteach Oilthigh Obair-Dheadhain) 's a roghnaich iad a chur dhan iris. Bha mi air a shadadh dhan bhucaid, ach bha mi coma dad eile a sgrìobhadh. Thog mi às a' bhucaid e ma-tha, 's thug mi dhaibh e.

Bidh an t-aon iongnadh sin orm ma chanas duine gu bheil iad air dad de bhàrdachd a sgrìobh mi a leughadh – mar gum biodh iad air a bhith a' rùileach anns a' bhucaid agam!

Mary Montgomery was born in 1955 in Arivruaich in the island of Lewis. She started writing poetry at university in Aberdeen in 1974 and has had work published in *Crann, Gairm, Chapman* and *Càrn*. A collection of her poems entitled *Eadar Mi 's a' Bhreug* was published by Coiscéim of Dublin in 1988. She lives in Glasgow and works as a radio producer with the BBC.

O Uinneag Chòir

Chunnaic mi solas an uinneag an taighe
oidhche gheamhraidh aiteamhail
steach baile
far am buininn
là no dhà o cheana.

O uinneag chòir
thoir dhomh an sealladh
nach deach an aire
leth-choigrich.
O uinneag chòir, innis a' bhreug.

O uinneag chòir, innis a' bhreug
's an latha bhuainn
às amharc dhuinn
an fhìrinn bhuam
's gun mi teann co-dhiù dhan fheallaidheachd.

Nan seasainn tric
chan fhaicinn sìon
's e chuireadh reub an latha dhìom
bhith tarraing às
bhith dìleas dhuibh
o chuimhneachan an atharrachaidh;

bhith tarraing às
bhith dìleas dhuibh
o chuimhneachan an atharrachaidh.

Gun Chuireadh

Ag ionnsachadh 's a' dìochuimhneachadh
facail a gheibh biadh dha,
gnìomh a gheibh aithne dha
air sràidean far a bheil an tìde dol seachad;

Oh Kind Window

I saw a light in the window of the house
on a night of winter thaw
through a village
I belonged to
a day or two ago.

Oh kind window
give me the sight
that never caught
a half-stranger's attention.
Oh kind window, lie.

Oh kind window, lie
for the day is gone from us
out of our sight
take truth from me –
I'm not bound to its philosophy anyway.

If I stood often
I'd cease to see
kept from day's tearing
as I made off
loyal to you
oh memorial of change

as I made off
loyal to you
oh memorial of change.

Uninvited

Learning and forgetting
words which will get him food
deeds which will get him recognition
on streets where time goes past;

aodannan làn sìth
a' cadal air being
fo phàipear;

sèimh,
socair
an saoghal;

is na pàipearan a dh'fhàg na daoine
fliuch, fuar air an talamh;
dust an latha na laighe
's an dorchadas ga fhalach;

dè a chor?

a' cumail a' dol
smuaintean
leigeas leis
an saoghal a leigeil seachad
le na h-oidhcheannan fliuch a bhios a-staigh
's na bliadhnaichean tha muigh;

dìleas do chàil
ceangailt' ri faileas dheth fhèin.

Sgàthan ann an Creig

Thig thu dhachaigh le do bhaga
's le do sgeul,
fàileadh an t-saoghail bho do chuid aodaich
is solas an eòlais na do shùil;
seòldair à Leòdhas tilleadh dhachaigh,
a' gabhail anail
agus a' coimhead air na cladaichean.

A' toirt urram do na cleachdaidhean
's na creideamhan
an eaglais dhìon na mara
a' cur mu chuairt dà bhrìgh do bheatha
's ag ullachadh ri falbh.

faces filled with peace
sleeping on a bench
underneath a paper;

the world
peaceful,
gentle;

and the papers people left
wet and cold on the ground;
the day's dust lying
hidden in the dark;

how is he?

keeping on the move
thoughts
that let him
let the world go by
those wet nights when he's inside
and the years outside;

loyal to anything
bound to a shadow of himself.

Mirror in a Rock

You'll come home with your kit
and your story,
the scent of the world on your clothes
and the light of knowledge in your eye;
a sailor from Lewis returning home,
taking a breath
and looking at the shores.

Respecting the customs
and the beliefs
in the protected church of the sea
turning over the two meanings of your life
and preparing to go.

A' tadhal air do chàirdean;
naidheachdan,
beachdan,
sgeulachdan –
a' tighinn 's a' falbh
agus na tuinn a' feitheamh.

Cruth is gnè cuain
do làmh a' ruith air cladach;
ceist a chur gun fhaighneachd
bheil cuimhn' aig Leòdhas fhathast?

An Taigh-tasgaidh 's an Leabhar

Feumaidh mi dhol chun taigh-tasgaidh
dh'fhaicinn uidheaman m' eachdraidh
a shad mo sheanmhair às,
a shuath mo sheanair
le bhoisean cnapach sgìth
air a' chuairt mu dheireadh
a ghabh e
dhan t-sabhal.

Feumaidh mi dhol chun taigh-tasgaidh
as aonais duslach an fheòir
air m' aodach,
dh'fhaicinn uidheaman m' eachdraidh
mus tèid an leth-shealladh
den leth-sgeul
a th'agam
a dhìth
leis an sguab th'air cùl mo shàil.

Feumaidh mi leabhar bhith deas air mo shùil
de bhriathran nan làithean a dh'fhalbh,
feumaidh mi leughadh fa chomhair an àm
tha cànan an cunnart dhol balbh.

Calling on your relatives;
news,
views,
tales —
coming and going
and the waves waiting.

Your hand running along the coast
knows the shape and nature of the sea
asking a silent question:
does Lewis still remember?

The Museum and the Book

I must go to the museum
to see the tools of my history
my grandmother threw out
my grandfather stroked
with his tired knobbly hands
on the last round
he made
of the barn.

I must go to the museum
without the dust of the grass
on my clothes
to see the tools of my history
before the half-sight
of the half-story
I have
is swept
away by the brush at my heels.

I must have a book for my eyes
of the words of days gone by
I must read it when facing the time
a language threatens to go dumb.

Feumaidh mi leabhar a dh'innseas dhomh sgeul
nach eil idir air bilean an t-sluaigh,
a dhol gu fear eile 'son barrachd de dh'fhios
's de thuigse air adhbhar na truaigh'.

Leanabh a' Tilleadh Dhachaigh

Air an aiseag
tilleadh dhachaigh
chì mi baile tron a' cheò
baile beag às aonais rathaid
taighean grànda dorcha.

Dè am baile
cò tha fuireach
is cuin is càit na dh'fhalbh iad?
Clachan mòra anns a' bhall' ud
ach chan eil iad àirde.

'S fhad' an t-saoghail bho bha teine
anns a' chagailt fhuar sin;
ma bha clann a' cluich ball-coise
càit robh àite còmhnard?

Càit robh sgoil ac'
's robh iad toilicht'
bhith cho fad' air falbh bhuaip';
is dè a bh'aca airson siubhal
mur robh ann ach bàta?
An d'fhuair iad teilidh
no dè cho fada
's a bh'aca muigh sa gheamhradh?

Air an aiseag
tilleadh dhachaigh
bho na làithean-saora
baile beag as aonais rathaid
's cha robh duine beò ann.

I must have a book that will tell me a story
that's not on the lips of the people,
must go to someone else for more information
and understanding of the reason for grief.

Child Returning Home

On the ferry
returning home
I can see a village through the mist
a little village without a road
horrible dark houses.

What village is it?
Who lives there?
When did they go, and where?
Big stones in that wall
but they're not high.

It's a long time since there was a fire
in that cold hearth;
if there were children playing football
where did they find level ground?

Where was their school
and were they glad
it was so far away from them?
And what did they travel in
if there was only a boat?
Did they get a telly
or how long
could they stay outside in winter?

On the ferry
returning home
from holiday
a little village without a road
and not a living soul in it.

Dùil Leanaibh

Ma tha bogsa anns a' phost dhomh
an dùil an tig e màireach?
No litir dhomh à Canada
bhon tè bha seo as t-samhradh.

Bha i brèagha, bha, a mhamaidh
bha a h-aodach àlainn –
geal is buidhe 's lilac –
's bha 'm falt aic' fada sgaoilte.

Bha i suidhe fad an fheasgair
's a' leughadh sgeulachd dhòmhsa.
Beurla bh'ann, ach dè an diofar –
bha gaol a'm air a còmhradh.

Ma thuirt i bogsa, thig e, 'n dùil
no robh i dìreach breugach?
Well, chì mi bheil an litir ann –
chan eil, ach thig i màireach.

Carson mas ann a' feuchainn
ri bhith snog a bha i
nach tug i preusant beag dhut fhèin
an àit' a seann chuid aodaich?

Na Gàidheil Ura – Eile

Ma tha sinne mall
sa ghabhail
a th'againn ribh
na caithibh cus
nar clàir.

'S math dh'fhaodt' nach eil sinn
a' tuigsinn
ciamar gun luaidh air carson
tha dol agaibh

A Child's Hope

If there's a box in the post for me
might it come tomorrow?
Or a letter for me from Canada
from the woman who was here in the summer.

She was lovely, mammy, she was
her clothes were lovely –
white and yellow and lilac –
and her hair was long and loose.

She sat all evening
reading me a story,
it was in English, but what does that matter –
I loved the way she spoke.

If she said a box it'll come, don't you think
or was she just lying?
Well, I'll see if the letter's here –
no, but it'll come tomorrow.

Why, if she was only
trying to be nice
didn't she give you a little present
instead of her old clothes?

The – Other – New Gaels

If we are slow
to accept you
don't cast
too much
in our faces.

Perhaps we don't
understand
how
never mind why

air rud no dhà
no trì
no ceithir

ionnsachadh.

Na dàin a ghabh sinn còmhla

Na dàin a ghabh sinn còmhla
ill'
ill' òig
nad shùilean gnù
gun chuir mi fonn ro aithreachas.

'S tu thog na facail fìor is grinn
's tu thog mo dhùil o fhalach ann
ill'
ill' òig
nad aghaidh chiùin
chaill mi balaist m' fhaireachdainn.

Na dàin a ghabh sinn còmhla
rùin
cha bu tric iad sàraichte
o ill'
ill' òig
nad shùilean gnù
chì mi sunnd nan geallaidhean.

An clos a' chiùil bhiodh sinne dlùth
dlùth ris an fhàs nar cridheachan
's gun fheum ann falbh
saor chun an àm
nuair thigeadh là 's an dealachadh.

Na dàin a ghabh sinn còmhla
ill'
ill' òig
nad fhacail làn
na tigeadh ceann mo sheacharain.

you are managing
to learn
a thing or two
or three
or four.

The songs we sang together

The songs we sang together
lad
young lad
in your passionate eyes
I put music before repentance.

It was you raised the true, sweet words
it was you raised my hidden hope
lad
young lad
in your calm face
I lost the balance of my feelings.

The songs we sang together
love
they were rarely wearied
oh lad
young lad
in your passionate eyes
I see the happiness of promises.

In the music's calmness we would be close
close to what grew in our hearts
without need to go
free until
day and departure came.

The songs we sang together
lad
young lad
in your full words
don't let my straying end.

Na dàin a ghabh sinn còmhla
ill'
ill' òig
dèan èirigh thràth
's na briseadh do ghuth
na trèig do cheòl
a rèir an tèid a thaghas tu.

Iarr

Iarr orm
èirigh
beò is acrach
madainn ùr an earraich
's cur osag ri teine thaisg mi raoir
le brod an fhòid
bho bhonn na cruaich.

Glac mo phròis
's cur thairis
m' fhuil is m' fhearg 's mo mhiann;
's mi sgìth den ghreis fon fhois
a bh'agam
fois
nach iarr 's nach toir
ach an aon shàmhchar chòir.

Cò cheannaicheas an t-eilean?

Cò cheannaicheas an t-eilean
a-màireach
no 'n-earar
cò thig
'son spòrs nan slèibhtean?

Cò thig
'son spòrs nan slèibhtean?

The songs we sang together
lad
young lad
rise up early
your voice unbroken
your music unbetrayed
whatever string you choose.

Ask

Ask me
to get up
alive and hungry
on the new spring morning
and fan the fire I banked last night
with a strong peat
from the bottom of the stack.

Grasp my pride
and stir
my blood, my anger, my desire;
for I'm tired of the time I had
at rest
rest
that asks and gives
only the same kindly calm.

Who will buy the island?

Who will buy the island
tomorrow
or the next day
who'll come
for the sport on the slopes?

Who'll come
for the sport on the slopes?

Cò thogas a' phrìs
dhut, fhir, air d' earrann
a mhalairt do chòir
air àite do thrèibh is d' fhaireachdainn?

Cò cheannaicheas eilean
beag donn a' chuain
a' cheò
an fhraoich
nam machraichean grinn
nam monaidhean
aibhnichean
frìthean
is làraich
bha dhuinne mar dhualchas ar teaghlaich?

Cò cheannaicheas eilean
nan daoine tha còir
càirdeil
blàth
is daingeann dha chèil';
cò cheannaicheas eilean
tha sìnte ann an cuan
le prìs nach èireadh à inntinn?

Cò is ciamar
's a chaoidh carson
ach seachain an talamh
fàg aig na coin
nì comhart an lagha
bìd airson not
is dìobhairt
nach b'fhuilear do chraosair.

Who'll raise the price
for you, man, on your portion
to barter your right
to the place of your folk and your feeling?

Who will buy the island
little dark isle of the ocean
of the mist
the heather
the neat machairs
the moors
rivers
fields
and ruins
we inherited through our family?

Who will buy the island
of the kind folk
friendly
warm
close-knit;
who will buy the island
that lies in an ocean
at an inconceivable price?

Who and how
and forever why
but shun the land
leave it to dogs
who bark the law's bark
bite for a quid
and spew up
more than any glutton.

An t-òrdugh a-mach

An t-òrdugh a-mach
air taic,
ùr-thaic
nan Gàidheal
le corp is cridhe
's anail bheò;

's carson a-rèisd a tha mo chridhe
bualadh tìd' nas freagarraich'
ri bodhaig Ghalld'?

Am buin mi do
rèiseamaid stèidhichte mhòr?
No muigh
ann an sliochd
agart-thrèibh?

a chanadh
le smal fìrinn na brèig
gu bheil sibh làidir
dìleas fhathast
beò air oir
bhur n-eachdraidh
is ciùil?

An t-òrdugh a-mach.

Chosg an èigh
an fhaireachdainn òg
dhan fheadhainn a rinn i,

dhan òigridh?

The Queen's Owned Highlanders

Noddies bheaga shriopach nèibhidh
suas is sìos lem bagannan
mach 's a-steach à coinneamhan
la pàipearan fon achlaisean

The order is out

The order is out
for support,
new support
for the Gaels
with body and heart
and living breath;

then why does my heart
beat to a rhythm
that suits a Gall's body better?

Am I part
of a large, established regiment?
Or outside, in the troop
of a quarrelsome tribe?

Who would say
peppering lies with truth
that you are strong
and loyal still
alive on the edge
of your history
and your song?

The order is out.

Did the cry cost the young
ones who let it out
their young

emotion?

The Queen's Owned Highlanders

Little navy-striped noddies
up and down with their bags
in and out of meetings
with papers under their arms

sriutain fhacal paisgt' nam beòil
deiseil 'son an sgapadh
mar pheilearan à gunnaichean
's gun for cò air tha 'n targaid

cliopagan de dh'fheallsanachd
a thog iad às an linne seo
's a charaich iad ri chèile
ri èiginn agus cabhaig

sreath air shreath de *shrategists*
a' màirdseadh steach dhan chogadh
gun shaighdear air an cùlaibh
no sluagh tha 'g iarraidh sabaisd.

Bu mhath an ceannach rinn iad
na seòid a reic na *policies*
chan fhada gu 'm bi pòcannan
de *pholicies* mun dromannan,

pòca dhan a' mhaighstir
is pòca dhan an rìgh
is pòca dhan an t-Sasannach
tha losgadh feadh na frìthe.

Nam bitheadh agams' eilean

Nam bitheadh agams' eilean
is caisteal beag na chois
le caoraich agus croitearan
is *poll tax* duine bochd
is làn nan cnoc de chearcan-fraoich
is fèidh tha math 'son spòrs
bòtannan uaine
fore and aft
geansaidh le tuill
is fuaimreagan cruinn —

verbal torrents tucked under their tongues
ready for scattering
like bullets from guns
with no clue who the target is

clippings of philosophy
they picked up this century
and stitched together
urgently and hurriedly

row upon row of strategists
marching as to war
without a single soldier behind them
or a people who want to fight.

They struck a fine bargain
the heroes who sold the policies
it won't be long till there are sackfuls
of policies on their backs,

a sackful for the master
and a sackful for the king
and a sackful for the Englishman
who's shooting in the deer forest.

If I had an island

If I had an island
and a little castle with it
with sheep and crofters
and a poor man's poll tax
and hills full of grouse
and deer good for sport
green wellies
fore and aft
a jumper with holes
and rounded vowels —

Nam bitheadh agams' eilean
is plèana beag dhomh fhìn
le *Range Rover* shìos a' feitheamh
airson mo chrògan mìn
is sgalagan de gheamairean
a' gogadaich mum shàil
leas làn lusan
le feansaichean àrd
geataichean glaiste
is soighnichean dearg –

chan fhuirinn-s' ann a bharrachd.

Na Sasannaich

'S fheàrr leam nuair a tha iad borb
tha iad nas fhasa 'n sgrios nam smuain
faodaidh fois bhith aig mo chogais
's iad nan nàimhdean grànda
càineadh corporra is cainnt
shalach shean an sinnsir
's fheàrr leam fada iad a bhith cruaidh
gu faigh mi cothrom càinidh.

'S fheàrr leam iad bhith gabhail brath
gan cur fhèin air bhàrr
gu faigh mi fearg mo ghnèitheachais
a shaoradh às mo bheul
gam faicinn sin nan daoine mòra
le beachd orr' fhèin thar chàich
gheibh mo chreideamh neartachadh
is m' inntinn pàilteas spòrs.

'S fheàrr leam iad bhith iargalt'
gan sealltainn fhèin gun bhlàths
nothing if not practical
old chap, dear sir and dame

If I had an island
and my own wee plane
and a Range Rover waiting below
for my smooth paws
and man-servant gamekeepers
clucking round my heels
a garden full of herbs
with tall fences
locked gates
and red signs –

I wouldn't stay there either.

The English

I prefer it when they're rude
because they're easier to destroy in my thoughts
and my conscience can be at peace
when I can think of them as horrid enemies
I can revile their appearance
and the dirty old language of their forefathers
I much prefer them to be mean
so that I can get the chance to revile them.

I prefer them to be taking advantage
and putting themselves first
so that I can free my innate anger
out of my mouth
seeing them there act the big shots
thinking they're better than other folk
my belief is strengthened
my mind gets lots of fun.

I prefer them to be awful
showing themselves without warmth
nothing if not practical
old chap, dear sir and dame

an luach a th'ac' ga stòraigeadh
each one for himself
's e tha falbh lem dhùthaich
's e tha gam fàgail ann.

the kind of value they lay store by
is each one for himself
that's what's going away with my country
and what leaves them in it.

Photo: Ian Southern

Christopher Whyte

Rinn mi strì fad iomadh bliadhna ris an iarrtas bàrdachd a sgrìobhadh. Thugadh dhomh foghlam cruaidh nan Iosanach, anns nach robh àite airson bòidhchid shaoghalta no ealain. Mar sin b'e seòrsa briseadh-lagha a chunnaic mi san obair chrutha-chaidh. Bha feum ann air misneach is dànadas, agus is coireach sin, math dh'fhaodte, air an fheirg 's an fhòirneart a nochdas uaireannan nam dhàintean.

Is mi nam bhalach, bhithinn gu tric sna Tròiseachan no an Earra-Ghàidheal. Chuir e dragh orm nach b'urrainn dhomh bruidhinn ris an fhearann, no na beanntan ainmeachadh, oir cha robh cànain aca ach Gàidhlig. Bha a' Ghàidhlig gam tharraing cuideachd bhon a bu chànain dhaoine dìblidh i 's iad air an cur mu thaobh aig an eachdraidh 's an cothrom, cànain nach do chleachd bùirdeasachd fhathast, is an neart a bhios aig gach rud a th'air a throm-mhùchadh air fàs innte bho linn gu linn.

Tha buaidh mhòr aig an Eadailt air na bhios mi a' faireach-dainn 's a' smaointinn, on a chuir mi seachad a' chuid as motha dem bheatha mar inbheach anns an dùthaich sin, a' leantainn a cleachdaidhean is a' bruidhinn a cànain.

Anns na dàintean-gaoil a sgrìobhas mi tha mi feuchainn ri samhlaidhean is dòighean-cainnt a lorg a chuireas an cèill fair-eachdainnean ùra, nach do dh'fhoillsicheadh gu h-iomlan gus a seo. Ach bha e dìreach nam rùn an ealain a chleachdadh gus bruidhinn mun ealain fhèin, a h-iongantas 's a riatanachd. Ar leam nach e bloighean sgaraichte, ach aonachd a-mhàin a th'anns a' chinne-daonna, agus gur e sin dubh-fhacal is ceann-teagaisg na h-ealain: mar as pearsanta diamhair a sgrìobhas am bàrd, 's ann as follaisich' a bhruidhneas e ri cho-dhaoine.

Christopher Whyte was born in Glasgow in 1952 and educated there, at Cambridge and in Perugia. He lived in Italy from 1975 to 1985, teaching at the University of Rome from 1977. He is now lecturer in the Department of Scottish Literature at Glasgow University. His translations of several European poets are included in *Bàrdachd na Roinn-Eòrpa*, and his first book of poems, *Uirsgeul/Myth*, is due out this year (both Gairm). His poems have appeared in *Gairm, Fox, Ossian, Oxford Poetry, Gairfish* and in the anthologies *And Thus Will I Freely Sing* (Polygon) and *Take Any Train* (The Oscars Press). He is currently putting together a second Gaelic collection and working on a novel and a book of short stories in English.

Annunciazione con Sant' Emidio

Ainnir bhaindidh stuama
strìochdt' ann an seòmar eireachdail,
leabhar fosgailt' air an deasg
ga dhearmad, bho guailnean
fallainn uain' a' tuiteam sìos,
aodach òr-bhuidh' a' còmhdachadh
maothalachd an t-seang-shlios ghil,
na làmhan tana a' teannachadh
air cruinnead mìn-uchd meuranta,
crom a ceann: gath-solais geur
le calman geal 's e còmhnaidh ann
a' ruighinn bathais macanta,
facal Dhè a' teàrnadh oirre,
a' sàthadh, ag iarraidh a-staigh,
a' bualadh is a' torrachadh
na colainn cuimir caoimh gun smal.

Ar leam nach cuala ise fhathast
teachdaireachd an aingeil ghnòdh
a thuirling taobh thall na h-uinneige
bho shreath an cùirt nan àithntean àrd
an tainead cian na h-iarmailt.
Tha sgiathan iteach ioma-dhatht'
a' sìor-luasgadh on astar dhian:
lùb e ghlùn, a' togail suas
na làimh deis ann an comharradh
deacair, neo-shoilleir, ùghdarrach,
a' tairgse, na làimh chlì,
lilidh bhàn na geanmnaidheachd.

Ach chan fhaod e teannachadh
ri brìgh a thurais: faisg ri thaobh
tha naomh an èideadh easbaigeach
ri meachranachd gu h-iarrtachail,
a' buaireadh an aingeil, a' nochdadh dha
samhail a' bhaile san d' rugadh e,
a' dìonadh nam fear-àiteachaidh
a phàigh saothair an dealbhadair
(is e sin a chuir gruaim air an aingeal).

Annunciazione con Sant' Emidio

A meek and unassuming girl
kneels in a rich chamber: on
the desk there lies an open book,
forgotten, from her shoulders falls
a green mantle, orange fabric
clothes the slim white softness of her flanks.
Slender hands are clasped across
the delicate curve of her small breasts,
her head is bowed. A piercing ray
of sunlight, where a white dove dwells,
reaches her submissive brow,
God's word coming down on her,
penetrating, asking in,
colliding, impregnating
her body's unsoiled, yielding symmetry.

Maybe she has yet to hear
the message of a surly angel
just touched down outside the window
from his row in the court of high commands
far in the rarefaction of the sky,
his feathery, evanescent wings
still twitching from the violence of their flight.
One knee bent, his right hand raised
in an authoritative gesture,
mysterious, inscrutable,
his left hand offers her the spotless
fleur-de-lys of chastity.

But something keeps him from the object
of his journey: at his side
a saint dressed in archbishop's garments
intervenes in supplication,
distracts the angel, pointing to
a model of his native city,
arguing for those who live there,
who paid the painter for his picture
(this explains the angel's scowling).

Tha peucag ann an lùchairt mhòr
a' coiseachd gu neo-aireach, stràiceil;
lus ann am poit air sgeilp àird
a' cinntinn, agus brat-roinn sòghail
a' crathadh ann an osaig bhig
tha cromadh chraobh-bròin aig ceann na sràid
gu tòimhseachanach, mar chomharradh-ceist.

Beul an Latha

Tha a' ghrian ag èirigh air Glaschu,
thusa nad chadal, mise aig an uinneig
a' faicinn fraoidhneis lainnirich ga chur
air meur fhada dhuibh tùr Ghilmorehill,
an leus a' bualadh gu faramach
air cladaichean a' bhaile, is na sglèatan

a' dol nan cathadh-mara drillseanach
air stuaghan glasa mullaichean nan taigh.
Chan fhaic mi e, ach tha mi faireachdainn
dùsgadh nach grad an t-srathain sgàthaich shìos,
an t-uisge truaillt', an tobar millte tioram,
taitneachd nan lianag casa far am bi

pàisdean à Pacastan gu caithreamach
ri cluich mu fheasgar, is am màthraichean
a' cruinneachadh nan èideadh ioma-dhatht'.
Tha phàirc fàsail a-nis, is mise cluinntinn
rùchdail a' cheud bhus san fharsaingeachd
a' traoghadh anns an t-sàmhchair dhòchasaich.

Tha 'n seòmar teth: air mì-riaghailt na leapa
thusa nad shìneadh, lomnochd, coltach ri
snàmhaiche a' strì ri sùmainnean
na h-oidhche, do ghnùis sàthte sa chluasaig,
gun ghluasad, ach t' anail chiùin a' taiseadh
gilead an anairt. Ghluais thu, do làmh

A peacock in a sumptuous town house
struts, insouciant and proud,
on a window-sill a potted
plant is flourishing, a costly
arras trembles in the breeze
that bends the road-end cypresses
to enigmatic question-marks.

Dawn

Sunrise over Glasgow. You're asleep.
Standing at the window, I can see
flickers of gold tremble round the long
black finger of the tower on Gilmorehill.
On the city shores a sea of light
is thrashing noisily, turning here and there

a slate to brilliant spindrift on the grey
breakers of the rooftops of the houses.
Although it's hidden from me, I can sense
how gradually the still dark slopes below
awaken, the filthy river, and the fountain,
disfigured, waterless, the steep and lovely

banks where towards evening Pakistani children
will play exultantly, and their mothers
gather in a multicoloured crowd.
Just now the park's deserted: I can hear
an early bus rumble in the distance,
ebbing in the expectancy of silence.

The room is warm: on the disordered bed
you're stretched out, naked, like a swimmer
struggling against the violent seas
of night, your face thrust into the pillow,
unmoving, and yet your gentle breathing
dampens the whiteness of the cotton. Now

gam shireadh, is do ghlùn, is mhothaich mi
fìnealtachd caol do dhùirn, is mìn-chlòimh ruadh
do ghàirdeanan a' dealrachadh an leus
na h-òg-mhaidne. Eiribh, a ghinealan
neo-chiontach! Cuiribh air cùl peacannan
bhur n-athraichean is cìosnachadh ar dùthcha!

Brisibh bannan bhur cuinge, gur saoradh fhèin
bho ghrabadh bochdainn, cràbhachd, sloinntearachd!
Tha 'n saoghal ga liubhairt dhaibh às ùr an diugh.
Lìonaibh sràidean a' bhaile ler dannsaireachd.
Cumaibh fèill na daonndachd, is bithidh mi
an glacaibh mo ghaoil a' gluasad nur measg.

Balbh

Bha an sabhal làn de dh'ùbhlan.
Dhùin iad an taigh ceithir bliadhna air ais
an dùil a bhith ga reic,
ach cha robh aon duine ga iarraidh.
Chaochail am màthair an seo, ars' esan,
is mar sin ghabh iad gràin air an àite.
Bha am feur air buannachd cha mhòr an lios gu lèir
ach chitheadh tu ceart-cheàrnagan fodha
far am bitheadh flùraichean mu shamhradh.
Bha sinn ag iarraidh don lianaig
air chùl an taighe, ach bha geug a thuit
on leamhan a b' àirde tarsainn na slighe romhainn,
is teine-ghealan on lobhadh oirre.
Bha na h-ùbhlan a' lobhadh anns an t-sabhal cuideachd,
am breuntas fhathast na mo chuinneanan,
mar ri dùrdan beag o bheach, math dh'fhaodte,
a bha faondrach an aimsir cheàrr, 's am bàs faisg air.

you move, reach for me with your hand,
your knee, and I see how thin your wrists
are, how the red down on your arms
glows in the morning light. Arise, you guiltless
generations! Throw to the winds the sins
of your fathers, the subjection of our country!

Snap the cords that bind you, free yourselves
from shackles of religion, poverty and class!
Today the world is given to you again.
Fill the streets of the city with your dancing!
Keep the feast of humanity, and I
will move among you in my lover's arms.

Dumb

The barn was full of apples.
They had shut the house up four years earlier
with the idea of selling it
but no-one came forward to buy.
He told me their mother had died there:
that's why they'd come to loathe the place.
Grass had overrun nearly all the garden
but underneath you could still see
rectangles where flowers had been in summer.
We wanted to reach the green
behind the house, but a branch fallen
from the highest elm barred our path,
rotting and phosphorescent.
The apples in the barn were rotting too
their stench lingering in my nostrils
along with the quiet hum of a bee (perhaps)
lost in the wrong season, and close to death.

Mar a Thubhairt a' Chrè ris a' Chrèadhadair

Is aithne dhomh do làmhan
an subailteachd an ciùine
thomhais mi gach meur dhiubh
faid' a leud a trì-fillteachd
cruinnead eagsamhail nan roinn
caochanan gach luirge
cruadal d' òrdaig dhanarra
a h-ainneart nach gabh faothachadh.

Tha eagal orm ro dhealbhadh:
carson nach deach mo dhearmad
gu sultmhor dràbach somalta
an tèarmann na talmhainn
nam làthaich liath-ghlais fhuar-shiltich
a' deoghal cìoch mo mhàthar truim
caillt' an loch-bhlèin garbh-shlios
an neo-chumadh gam shàsachadh?

Is borb dian gun tròcair thu,
dhlùthaich thu orm gun fhaireachadh –
cha toir mi dhut na dh'iarradh tu
is cealgach faoin do dhòchasan
's tu smaoineachadh ri cumadh fiùghail
a tharraing a-mach bhom fhrionasachd
ghabh thu ort 's tu ladarna
comh-èigneachadh gu pearsantachd.

Ach thionndaidh thu mi
    ann an leabaidh do làmhan
d' fhaigse a' leaghadh
    mo thiughaid raig

aig suathadh do bhlàiths
    thòisich mo ghluasad
thàinig m' fhiosrachadh
    bhod anail gun fhois.

What the Clay Said to the Potter

I know your hands
their suppleness their repose
the span of each finger
its length breadth and triplicity
the varying roundness of each joint
the eddy of each fingertip
the compulsion of your forceful thumb
its unrelenting violence.

I'm afraid of taking shape:
couldn't I have been left alone
dripping, plump, complacent
the ground my sanctuary
a quagmire, oozing, cold, grey-green
sucking my heavy mother's breast
lost in the groin of some rough hill
satisfied with shapelessness?

You're savage, impulsive, pitiless
you came up on me without warning
I'm not going to give you what you want
you're kidding yourself if you think that you
can extract any kind of worthwhile
form from my resistance.
You set out ill-advisedly
to force me into personality.

But you turned me
    in the bed of your hands
your closeness melting
    my stubborn mass

caressing your warmth
    I started to move
your restless breathing
    made me conscious.

A chruthadair neo-ghlic
      's tu struidheil de ghibhtean
co às a fhuair thu
      uimhir de ghaoil

a sgapadh gun chiall
      a chaitheamh neo-chùramach
mise gam bheairteachadh
      thusa gun lùghdachadh?

Is e freumh mo dhìlse
      do mhiann do-shàsaicht'
truimead do làmhan
      air rèidheachd mo chrè

mise gad fhreagairt
      an iomadach cruitheachd
aighear ar cleasa
      co-chòrdadh ar rùin.

Rex Tenebrarum

do Anne Whitaker

Nuair a bha mi glè òg
thigeadh cuideigin gu mo chot
a dh'amharc orm, is mi nam shuain, is thuiginn
gur esan a bh'ann, 's nach b'e mo mhàthair idir.

Mar sin, mun robh comas labhairt agam,
mun robh mo shaoghal ach na iomlaid
dhathan is dhealbhan, bha caidreamhas
eadarainn, 's mi eòlach air a mhodhannan,
a ghreannmhorachd, a ghruamachd is a ghuth.

Gach oidhche dheigheadh mo bheannachadh dà uair.
Cha b'ionann a chrònan-san is tàladh mo mhàthar.
'S ann a bha na sgeulachdan a bh'aige
nas ràbhanaich, nas ainneartaich, nas dorra

Foolish creator
    squandering gifts
where did you get
    this kind of love

to scatter recklessly
    to use undauntedly
making me richer
    while you got no poorer?

What makes me so faithful
    is your endless desire
the weight of your hands
    on my ready clay

as I talk back
    in multiple forms
ecstatic play
    and single intent.

Rex Tenebrarum

to Anne Whitaker

When I was very young
somebody would come to my cot
and look down on me as I slept, and I knew
it wasn't my mother at all, but him.

And so, before I was able to speak,
before my world was anything
but a welter of shapes and colours,
we were friends, and I knew his ways,
his good moods and his bad moods, and his voice.

I always got two goodnights.
His crooning and my mother's were different.
The stories he had were more complicated,
more difficult and violent than hers;

na 'n fheadhainn a bh'aicese, is dhèanadh e
itealaichean, cuir a' mhuiltein air
mullach a' phris, no shìneadh e dhà chois
a-mach bhon uinneig, a' cur am fad a chorp
gus an lìonadh e an seòmar uile.
Bha oidhcheannan ann a chuireadh e an àirneis
ri dannsadh cearbach; dh'ionnsaich e dhomh pong
gach nì, is ainmeachadh nan neul, is mar
a chuirear bann air stairsneach no air slighe.

Air sgàth na chuireadh e de shaothair ann,
a dh'innleachd is a dhìcheall airson mo bhuannachd,
ghabh mi truagh ris, is thug mi dhà mo ghaol,
's mi eòlach nach b'e gaol a dh'fhaodt' a labhairt.

Is mi nam òigear, b' ainmig' thigeadh e.
Bhithinn uaireannan a' dùsgadh, 's mi gun fhios
am b'e ghnùis fhèin a chrom os cionn mo bhruadair
no dealbh a-mhàin a dh'fhàgadh na mo chuimhne.
A' tilleadh dhachaigh feasgar, dh'fhairichinn
nam sheòmar cùbhrachd fhìnealta bhon Fhraing
a' màirnealachd, a bha e dèidheil oirre,
no nuair a bhithinn a' beachdachadh san sgàthan
mo dhreach neo-choilionta, bheanadh e rium
le suathadh aotrom, ciùin ach corporra.
Gu dearbh, an oidhch' a thàinig làn-fhios thugam
air inbheachd mo chuirp, is mi nam sheasamh,
lomnochd, geal am fionnarachd an t-seòmair
chunnaic mi an cùil e 's fiamh-ghàir' air.

Bha teagasg sgìth nan leabhraichean 's nan sagart
a' mùchadh sin uile nam inntinn-sa,
mar srannan dripeil sheillean buaireanta
no mar a chòmhdaicheas duilleach marbh seargt'
an ùir, ach chuir am foghar glic an sìol.

Mo chreach! is uabhasach truimead na talmhainn
os cionn an t-sìl, 's e sparradh is a' spàirn
ag iarraidh altram grèin is ùrachadh frois,
ach mur b'ann anns an dorchadas a chaidh

and he took to flying, turned somersaults
on top of the cupboard, or stretched his two feet
out through the window, extending his body till
it filled the whole room.
Some nights he set the furniture
dancing clumsily, and he taught me
the resonance each object answers to,
the names of the clouds, and how to put
a block on thresholds or on paths.

Seeing how much effort he put into it,
the ingeniousness and hard work, just for me,
I took pity on him, and gave him my love,
though I knew it wasn't a love I could talk about.

With adolescence his visits became less frequent.
Sometimes I would wake up and be unsure
whether his face had bent over my dream
or just an image memory retained.
Coming home at night, I noticed in my room
a delicate French perfume lingering
that he was fond of, or when I saw my unformed
features in the mirror, he would touch me
with a light, gentle but physical caress.
And then, the night I realised my body
had come to manhood, as I stood,
pale and naked in the chill bedroom,
I saw him in a corner, and he was laughing.

The tired dogmas of books and priests
stifled all this in my mind
like the troublesome buzzing of officious bees
or as dead, withered leaves will cover
the earth, but wise autumn has left a seed.

How heavy the earth is above the seed
that struggles and thrusts, looking for nourishment
from the sun, and showers to freshen it!
But if it wasn't rooted in the darkness

a fhreumhachadh, san dùinteachd chnuimhich bhlàith,
bu bheag a fheum air àile no air leus.

Chreid mi na h-ainmeannan a chuir iad ort
is rinneadh leò an sgàineadh sin nam chrè
lagachadh làimh is uallachadh mo dhruim.
Mur b'e an ceòl, na ridhil neo-cheannsachadh
a' tarraing chuige gach uile fhaireachdainn
's ga spùtadh às a-rithist, na stealladh dian
a sheachnadh caisgireachd na h-eanchainn,
na bhrìgh a dhìultas sònrachadh na cainnt,
rachadh mo bhristeadh buileach. Ciamar nach bithinn
a' creidsinn, is an fheallsanachd cheusd' aca
gun àit' airson mo stealladh gleadhrach fhèin,
gur ann bhon diabhal bha e tighinn?

A rìgh nan dorchadas, a rìgh nan dùl
's ann bho chunnaic mi am bonn an sgàthain
chan e dà ghnùis, ach aogas aonaichte
a thuig mi riatanachd bhur rèiteachaidh.

Mura bi eòl aig a' ghais
air stèidheachadh nam freumh,
's am fàs gu lèir ag aideachadh
gur ann bhon dorchadas a thig
gach uile mhaoin is beathachadh,
mura bi gaol neo-mhealltach aige
air na ghin 's na dh'àraich e
ciamar a thig ar dòchasan
fo dheagh bhàrr samhradh blàthachaidh?

Anns an Ròimh

Chaidh mi don oilthigh a' mhadainn ud
agus bha a h-uile duine sa chafaidh
a' bruidhinn mu na thachair am Beirut:
bom air spreadhadh ann an Tosgaireachd nan Ameireaganach
agus uiread a dhaoine air am murt 's air an ciùrradh.
Nuair a thill mi dhachaigh aig meadhan-latha

in a warm, enclosed place filled with worms
it could do nothing with air or light.

I believed the names they gave you
and they made the fissure in my flesh
that weakened my hand and burdened my shoulders.
If it hadn't been for music, an anarchic
round dance drawing every feeling in
to spit it out again, surging up,
avoiding the repression of the mind
with a message language can't pin down
I'd have been broken completely.
Their crucified philosophy had no
place for the words welling up in me –
how was I not to believe they came from the devil?

King of the darkness, king of the world
when I saw two faces in the mirror
superimposed, made one, I understood
that you have to be reconciled.

Unless the sapling knows
where its roots are sunk, and the whole
plant admits that life
and nourishment come from darkness;
unless it has unequivocal
love for what bore and raised it
how can there be a rich
summer flowering for our hopes?

In Rome

I went to the university that morning
and everyone in the café
was talking about what had happened in Beirut:
a bomb had gone off in the American embassy
killing and wounding several people.
When I got home at lunch time

bha thu a' deasachadh sa chidsin 's tu ri aighear.
Tha na gobhlain-ghaoith air tighinn, thubhairt thu,
nach cluinn thu iad mu thimcheall an taighe?
Agus shaoil mi gum b'e do naidheachd-sa a bu chudthromaiche
ged nach rachadh a sgrìobhadh sna pàipearan.

Ann an Sruighlea Uair Eile

Ach an caraid briathrach sìmplidh
a bhith rim thaobh, is eachdraidh
chaist ar dùthcha na dian-shruth
gaolach air bilean a dhìoghrais,

gach lùchairt is còmhrag is caisteal,
cha dùraiginn riamh an t-àite
cràidhte seo thadhal a-rithist
cho luath as dèidh mo mheallaidh.

Seanachas clachaireachd aosda
ga bhuaireadh, aoibhneas na sgleò
nì mo dhìonadh bho thilleadh mo thrìoblaid –
aig gach oisinn eagal do choinnimh.

Air rathad fo bhlàth, a-measg àros
nam bùirdeasach as seasmhaich',
do thaigh, mar gum b'e seòmar-cumhachd
stèisean gineadair dealain

nach fhaicear, 's a spionnadh a' ruith
cunnartach fo gach cabhsair
a shrannail ghuineach na bhagradh
neo-mhaitheach air iomall mo chlaistneachd.

Tha m' aigne an-diugh na combaist
a thilleas gun airsneul don àird ud.
Dh'fhaodadh na clachairean naomha
mo chur gu feum airson absan

you were busy cooking, and you called to me
excitedly: 'The swallows have arrived!
Can't you hear them round the house?'
And I thought your news was more important
although it wouldn't get into the papers.

Return to Stirling

If I didn't have this simple
talkative friend at my side
our country's knotted history
spilling in love from his lips –

each palace and battle and castle –
I'd never have dared to come back
to this tortured place so soon
after being disappointed.

The old ruins' history
distracts him, and his delight
screens me from trouble returning
the fear of your face at each corner.

On a tree-lined road, where the most
respectable bourgeois live
your house is like the power
chamber of an electricity station

sending invisible current
dangerous under each pavement
the shrill whine a continuous
threat at the limits of hearing.

Today my mind is a compass
that keeps going back to that point.
Pious builders could use me
to set their churches' rounded

cruinne nan eaglais a stiùireadh
gun mhearachd gu ear an cràbhaidh.
Ach bhàsaich an dia sin, thrèigeadh
a theampaill, tha ìomhaighean briste.

Miann

Bu chaomh leam dealbhan a dhèanamh
an àite dhàintean.

Mar sin
bhitheadh sgeulachd aig gach fear dhiubh
air malairtean is mèirlean
air seòmraichean san deach a chrochadh
air boireannaich no dlùth-chàirdean
a thugadh e dhaibh mar ghibht.

Dh'fheumadh urras fhaighinn orra,
am pasgadh gu cùramach is an giùlan
air làraidhean is trèanaichean, is dh'fhaodadh
cuideigin an leasachadh ceud bliadhna air thoiseach,
oir bhitheadh a dhòigh fhèin aig gach dath
air atharrachadh is lobhadh,
dìreach mar a bhitheas
na lusan is na h-èiteagan
ag atharrachadh blas is aogas
pollag an aonaich bho linn gu linn.

Rachadh an call is am bristeadh
bhitheadh iomagain ann mu sgàineadh a' chanabhais
dhiùltadh duine rag an reic,
agus bhitheadh luchd-teòma a' sireadh gun èifeachd
an fhir a bu phrìseile
is e gun fhiosd
crochte ann an dachaigh thosdaich, bhlàith
is dhuirch, is boireannach gach feasgar
a' dùnadh nan cùirtean, 's i na suidhe
ro fhada ro theine beòthail
le leabhar na làmhan.

apses unerringly towards
the east of their religion.
But that God is dead, his temples
are empty, his images broken.

A Wish

I'd like to make pictures
instead of poems.

That way
each one would have its tale
of sales and robberies
of rooms where it had hung
of women and dear friends
who got it as a gift.

They would have to be insured,
carefully packed and transported
in lorries and in trains
and a hundred years from now
somebody could restore them,
because each colour would have its own way
of changing and decomposing,
just as pebbles and plants
will change the taste and colour
of a mountain pool across the centuries.

They would get lost and damaged
cracks in the canvas would cause concern
stubborn people would refuse to sell them
and experts would hunt without success
for the most precious one of all
hanging unknown
in the darkness of a warm
quiet home, where each evening
a woman closed the curtains
and sat long before a lively fire
with a book in her hands.

Cha bhiodh aca
ath-aithriseachd sgìtheil clò-bhualaidh.
Cha rachadh an cruinneachadh
ach an neo-bhunaiteachd nan taisbeanadh,
is iadsan a' taomadh
bho sheòmar gu seòmar, a' coimeasgadh
le dealbhan ùghdairean eile.
Bhitheadh luchd-tadhail a' tighinn 's a' tilleadh
's a' teicheadh don chafaidh airson leth-uair de thìde.

Agus an dèidh dùnadh an taigh-tasgaidh,
ann an dubharachd nan seòmraichean ath-fhuaimneach,
bhitheadh aca an còmhradh dìomhair
a tha aig buill teaghlaich sgaraichte,
nach tèid a thional ach gu tearc
aig tòrraidhean is baistidhean is bainnsean.

Crann-Ceusaidh fo Bhlàth

Thàinig duilleach air a' chrann,
gucagan a' putadh a-mach nan tarrag,
snodhach a' ruith, ga chur air chrith,
an coron droighneach a' dol na dhuslach,
na h-eòin gun fhiamh a' sgròbadh sgreaban
na fala tioram air falbh len guib.
Tha 'n crann-ceusaidh gu lèir a' dol
a-rithist na chraoibh!

Trobhad, thig a-nuas, gabh mo làmh!
Greas ort! Chan eil feum air faclan a-nis.
Bi saor, is sàmhach, is meal do latha,
is falbh nad chreutair faoin gad chall
measg cruthannan iomadach an t-saoghail!

They would have none
of the tiresome repetitiveness of printing.
They'd only come together
in ephemeral exhibitions,
spilling over from room to room
mixing with other painters' paintings
while spectators came and went
or escaped to the café for half an hour.

And when the museum had closed
in the shadows of the echoing rooms
they'd converse secretly
like members of a scattered family
who only rarely come together
for funerals or weddings or christenings.

Crucifix in Flower

There are leaves on the tree,
buds are pushing out the nails,
sap running through sets it shaking,
the crown of thorns has crumbled to dust,
unfrightened birds are chipping away
bits of dried blood with their beaks.
The crucifix is turning back
into a tree again!

Come now, get down, take my hand!
Hurry up! No need to say anything!
Be free, and contented, enjoy your days,
go like an ordinary creature, lose
yourself in the multiple forms of the world!

Di-dòmhnaich san Fhaoilteach

An-fhois na gaoithe
fhathast gun a sàrachadh
fad làthannan na gaillinn sin
a' crathadh dearcagan a' phris,
na bagaidean searbha teann,
ag aiseag mo smuaintean a-null
thuige, thar beàrn nam mìle mìle,
thar fhosgladh leòin a dh'fhairtlich e air m' fhuil
dheirg a dhùnadh le a cruadhachadh,
reubadh na feòla air gach taobh
den sgaradh sin, ach fuaigheal mall an dòchais,
seòlta, gun fhiosd, gan caoin-tarraing ri chèile.

Envoi

Tha a h-uile càil dhiom air a dhòrtadh a-mach.
Tha mi mar na baraillean a tha gan cleachdadh
sna dùthchannan mu dheas airson an t-uisg'
a chruinneachadh, a chithear aig ceann an t-samhraidh
's iad traoighte, tioram, falamh, duslachail,
air am fàgail fad nam mìosan teth
ri ainneart loisgeach searganach na grèin.

Chan eil fhios nach tèid mo chur gu feum
an àm do na fìon-liosan a bhith rùisgte:
bithidh na dearcan nan cruachan
gan càrnadh an taobh a-staigh dhiom, is gam brùthadh
gu dicheallach mall trom, airson an sùgh
crò-dhearg builgeanach a tharraing àsd',
na plaosgan a' snàmh air lànachd bheirmich bhlàth.
Fàgar na mo dhorchadas
plaosgan is cuiseagan nam bruadar
de shiùcarachd is mìlse gam bhuaireadh
am fàileadh seachranach a' cur air mhisg
nan daoine is a' tàladh mheanbhchuileag.

January Sunday

Restless wind
these days of storm
have not yet tired
shaking the berries on that bush,
tight, bitter clusters
carrying my thoughts across
a thousand mile gap to him,
beyond an open wound my blood
still hasn't sealed with its red crust,
a separation with torn flesh
on either side, but hope slowly
stitching, skilful and unnoticed,
gently drawing them together.

Envoi

I've poured out every bit of me.
I'm like one of the barrels they use
to gather water in southern countries
you can see at the end of the summer
dry and parched, empty, filled with dust,
left out through all the hottest months
for the sun's violence to shrivel and scorch.

Maybe I'll be put to use again
when they strip the vineyards:
they'll pile up mounds of grapes inside me
and crush them slowly and carefully
pressing out the bubbling scarlet
juice, while the husks float on a warm
fermenting fullness. Then they'll leave
husks and stalks in my dark insides,
a delirium of sugar and sweetness
turning my head, while the fragrance wanders,
sets men tottering and draws the flies.

An dèidh sin bithidh mi falamh uair eile
nam bheul fosgailt' tioram foidhidneach
a' feitheamh ri fiùghantachd nan guitearan,
an sgeilmeileachd fad shiantan a' gheamhraidh,
an t-uisge fionnar gam choisrigeadh a-rithist
le naidheachdan bho shneachda bheanntan ciana
m' uachdar a' crith ri gàirdeachas nam fras
na braoin a' dàil air foirfeachd chruinn mo bhilean.

The pathadh orm. Dè cho fad 's eudar dhomh
feitheamh mun tèid mo lìonadh a-rithist?

Then I'll be empty again
a dry, open, patient mouth
waiting for the generosity of gutters
chattering to me through the winter squalls
chill water consecrating me afresh
with word of snows on distant hilltops;
the joy of showers will set my surface trembling,
drops will linger on my lips' perfect round.

I'm thirsty. How long am I going to have
to wait before I can be filled again?